Autores varios

Las conspiraciones en Cuba de 1810 y 1812

Compilación de José Luciano Franco

Barcelona **2023**
linkgua-digital.com

Créditos

Título original: Las conspiraciones en Cuba de 1810 y 1812.

© 2023, Red ediciones S.L.
Compilación de José Luciano Franco.

e-mail: info@linkgua.com

Diseño de cubierta: Michel Mallard.

ISBN rústica: 978-84-9007-706-1.
ISBN ebook: 978-84-9007-404-6.

Cualquier forma de reproducción, distribución, comunicación pública o transformación de esta obra solo puede ser realizada con la autorización de sus titulares, salvo excepción prevista por la ley. Diríjase a CEDRO (Centro Español de Derechos Reprográficos, www.cedro.org) si necesita fotocopiar, escanear o hacer copias digitales de algún fragmento de esta obra.

Sumario

Créditos _____ 4

Las conspiraciones de 1810 y 1812
José Luciano Franco _____ 9

Documentos del Archivo General de Indias _____ 29
  I _____ 29
  II _____ 29
  III _____ 30
  IV _____ 31
  V _____ 32
  VI _____ 33
  VII _____ 34
  VIII _____ 38
  IX _____ 41
  X. Decreto _____ 42
  XI. Participación _____ 42
  XII. Auto de conformidad _____ 42
  XIII _____ 44
  XIV _____ 44
  XV _____ 45
  XVI _____ 45
  XVII. Ministerio de guerra _____ 46
  XVIII _____ 46
  XIX _____ 47
  XX _____ 47
  XXI _____ 48
  XXII _____ 49
  XXIII _____ 49
  XXIV _____ 50
  XXV _____ 51

Documentos del Archivo Nacional de Cuba _____ 55
  I _____ 55

II 56
III 57

Reservado 58
   IV 58
   V 59
   VI 60

Gil Narciso 61

Juan Luis Santillan 63

José Fantacia Gastón 65

Isidro Plutton 67

Estanislao Aguilar 69

Juan Barbier 70

Careo de Estevan Peñalver y Juan Barbier 71

Careo de Estanislao Aguilar y Juan Barbier 72

Juan Bautista Lizundia 73

Clemente Chacon 74

Careo de Juan Barbier con Clemente Chacon 75

Salvador Ternero 76
   Agreguese a su respectivo quaderno en que entiende p.r D.or D.n Rafael Rodríguez 77
   VII 77

José Anto. Aponte 112
   VIII 118

Ternero y Aponte _____ 119

Estanislao Aguilar _____ 122
   Traducción _____ 126

Ciriaco Olabarro _____ 131

Careo de Ternero con Olabarro _____ 132

Careo con Chirino y Ternero _____ 134

Jose Antonio Aponte _____ 135

Careo de Aponte con Ternero _____ 138

Estanislao Aguilar _____ 140

Careo de Aguilar con Lisundía _____ 141

Estanislao Aguilar _____ 143

Juan Bautista Lisundia _____ 144

Chirinos _____ 145

Cadete dn. Domingo Calderon _____ 146

Antonio Mas _____ 147

Cadete dn. Jesus de Hita _____ 148

Cadete dn. Lorenzo Ponce de Leon _____ 149

Libros a la carta_____ 155

Las conspiraciones de 1810 y 1812
José Luciano Franco

El capitán general don Salvador de Muro y Salazar, marqués de Someruelos, tuvo bajo su mando el Gobierno colonial de la isla de Cuba, desde el 13 de mayo de 1799 al 14 de abril de 1812. Durante los últimos años de su administración confrontó gravísimos problemas que, además de amenazar seriamente la secular dominación española, desembocaron en las conspiraciones de 1810 y 1812.

La reanudación de la guerra entre España y Gran Bretaña (1804) y, sobre todo, el Acta de Embargo —puesta en vigor por el presidente norteamericano Thomas Jefferson en 1807, como represalia a los ataques a la marina mercante de Estados Unidos— provocaron una grave crisis entre los hacendados y latifundistas cubanos al ocasionar la caída de los precios de los productos básicos de la exportación. Y la isla de Cuba debió sufrir las consecuencias, no solo de los sucesivos conflictos en que se vio envuelta la metrópoli, sino también de la rivalidad anglo-americana por el predominio del comercio y control de los productos del Caribe; indispensables para las industrias nacientes de sus países respectivos, los que se alimentaban de materias primas tropicales.

En el período más crítico de los asuntos coloniales, llegaron a La Habana —17 de julio de 1808— las primeras noticias de los graves sucesos de España; la vergonzosa comedia de Bayona, la entrada en la península de las tropas francesas y la gloriosa insurrección del pueblo español.

Estos hechos, al divulgarse, produjeron una extraordinaria conmoción en La Habana. La tarde del 21 de marzo de 1809, estalló el primer motín contra los emigrados franceses. Preparado por ciertos núcleos de criollos blancos —parásitos que no tenían más preocupación que la de cultivar todos los vicios conocidos—, numerosos grupos de gentes de color y muchos marineros armados de cuchillos y garrotes se congregaron en el muelle y plazas de San Francisco y a los gritos de: ¡Viva Fernando VII! ¡Mueran los franceses!, saquearon establecimientos y casas particulares de aquellos emigrados antes de que las milicias pudieran intervenir para restablecer el orden. Algunos cabos y sargentos del Batallón de Pardos y Morenos, quienes tres años después estuvieron complicados en la Conspiración de Aponte, tomaron parte activa en estos motines.

La situación se agravó aún más al dictar el capitán general, marqués de Someruelos, una disposición para regular el tráfico mercantil internacional que, en la práctica, prohibía el comercio con Estados Unidos. El 20 de octubre de 1809, hacendados y comerciantes presentaron al Ayuntamiento capitalino un memorial de protesta, donde pedían la derogación de la citada medida antieconómica. En el documento figuraban las firmas de Román de la Luz, Joaquín Ynfante y Luis Francisco Bassave.

Los tres firmantes citados, pertenecientes a un grupo de ricas familias cubanas, aparecieron como dirigentes de un movimiento político encaminado a lograr la independencia de la isla de Cuba, gestado entre los integrantes de una logia masónica habanera.

En los documentos enviados por el marqués de Someruelos a la Regencia del Reino —16 de octubre de 1810—, aparecen los antecedentes de la causa formada por intento de sublevación y francmasonería contra los citados Ynfante, Luz y Bassave, en la cual están también comprometidos Manuel García Coronado, Manuel Ramírez, Manuel Aguilar Jústiz, José Peñaranda y otros. Informaciones éstas que amplió el propio Someruelos en oficios de 14 de noviembre y 6 de diciembre del citado año. Del texto de estos documentos se desprende que ya en 1809 tenían noticias las autoridades coloniales de que el reo principal de la causa, Román de la Luz, desde su incorporación a una logia que actuaba clandestinamente en La Habana, promovía «planes de independencia y rivalidad entre españoles, europeos y americanos», y conspiraba con los otros encausados para llevar a cabo su plan de comenzar la insurrección el 7 de octubre de 1810. En el procedimiento judicial llevado a cabo por una comisión especial, integrada por el brigadier don Manuel Artazo, teniente rey de la Plaza; don Francisco Filomeno, juez de Bienes de Difuntos; don José Antonio Ramos, oidor de la Real Audiencia; don Luis Hidalgo Gato y don José María Sanz, consta:

> que Luz se ocupó en propalar papeles sediciosos, quince días antes de verificar su declaracion que procuro exitar una revolucion coligado con otros

criminales, y que si no se hubiera reprimido con un procedimiento activo y acertado, habria realizado su proyecto de subvercion. [fol. 3v.][1]

Mayor interés histórico tiene, si cabe, la participación de don Luis Francisco Bassave y Cárdenas —criollo blanco, habanero, capitán de Milicias de Caballería, hijo del coronel de dragones del mismo nombre, y perteneciente a la clase rica de La Habana.

Como a Román de la Luz, Someruelos acusaba al capitán Bassave de malas costumbres, y de que:

> combocada y exitada a los negros y mulatos y a la hes del pueblo para sublevarse; y capitaneando esta turba multa, hubiera sin duda cooperado al plan de Don Roman de la Luz. Asi, pues, no es estraño que sabiendo este las gestiones de Basabe procurase acalorarlo contando con la fuerza que se iba adquiriendo en el populacho para atraersela en su oportunidad.[2]

La tarea realmente revolucionaria y popular de la conspiración de 1810 la llevó a cabo el capitán Bassave, quien, con su ejemplar decisión, rebasó los límites históricos de aquel período formativo de la nación cubana. Como reza en la acusación formulada por el brigadier Atazo, Bassave, que gozaba de alguna popularidad en los barrios más humildes de la capital, intentó insurreccionar al Batallón de Milicias Disciplinadas de Pardos y Morenos, así como a ciertos grupos de trabajadores negros y mulatos de los barrios que se conocen en las tradiciones habaneras como Belén, Jesús María, Barracones, Manglar, Carraguao y el Horcón.

El negro libre José Antonio Aponte, cabo primero del citado batallón, fue reclutado por Bassave para los trabajos conspirativos.

Ocupados los papeles sediciosos —guardados en la farmacia de don José María Montaño— que incitaban al pueblo a rebelarse contra el régimen colonial, pronto dieron los investigadores dirigidos por el brigadier Artazo con el núcleo más popular de la conspiración, el grupo de hombres de extracción

---

1   José Luciano Franco, *Las conspiraciones de 1810 y 1812. Compilación e introducción de José Luciano Franco*, La Habana, Editorial de Ciencias Sociales, 1977.
2   Ibid.

más humilde y que lidereaba Bassave. Éste fue traicionado por la delación de dos artesanos con quienes contaba para el movimiento insurreccional; el capitán del Batallón de Milicias de Pardos y Morenos, Isidro Moreno, y el sargento Pedro Alcántara Pacheco.

Aponte, con alguna experiencia en estos menesteres, cooperó en las tareas conspirativas de Bassave —quien confió plenamente en él—, pero con habilidad logró sustraerse al proceso y eludir las investigaciones oficiales. Fracasada la proyectada sublevación, solamente Joaquín Ynfante y otros dos conspiradores lograron escapar hacia Estados Unidos. El 5 de noviembre de 1810 se dictó sentencia, aprobada por Someruelos, en la que se condenaba a presidio, para cumplir la condena en España y África, a Román de la Luz y Luis Francisco Bassave, así como a los negros libres: sargentos Ramón Espinosa y Juan José González; cabo Buenaventura Cervantes y soldado Carlos de Flores, del Batallón de Morenos; y los esclavos Juan Ignacio González y Laureano.

Sujetos a investigaciones posteriores, continuaron guardando prisión en los establecimientos militares de La Habana los mulatos José Doroteo del Bosque y Juan Caballero, y los negros Antonio José Chacón y José de Jesús Caballero, acusados todos de estar comprometidos en las actividades revolucionarias del capitán Bassave.

Para agravar la crisis que confrontaban las autoridades hispano-coloniales, los días 24 y 25 de octubre de 1810 azotó a Vuelta Abajo, o sea la región occidental, un violento ciclón —al que los pobladores de aquella zona denominaron de la Escarcha Salitrosa—, que también causó graves daños a la ciudad de La Habana:

> 70 buques destrozados en el puerto, se derrumbó la Ermita del Pilar en el Horcón, sufrió daños el Hospital de San Lázaro, las olas inundaron las calles y penetraron en la cueva de Taganana; llovió por espacio de 12 días después de la tormenta.

El 15 de enero y 6 de febrero de 1811, la Intendencia de Real Hacienda, cumplimentando las órdenes del capitán general, de 19 de diciembre de

1810, dispuso el embarque de los negros y mulatos condenados a presidio en África y España.

José Antonio Aponte, obrero, de oficio carpintero, con cierta habilidad artística para ejecutar bellas tallas en madera —a veces obras de imaginería religiosa como la Virgen de Guadalupe, la cual terminó a fines del año 1811 para una iglesia de extramuros—, había sido cabo primero de las milicias habaneras, en el Batallón de Pardos y Morenos, y fue retirado junto a otros muchos con el pretexto de la edad, pero la verdad era que sus relaciones con el capitán Bassave, aun cuando no aparecían cargos contra él, lo situaban entre los sospechosos de infidelidad al régimen hispano-colonial.

La leyenda popular habanera le atribuye a Aponte que, como miliciano, había formado parte de las tropas negras de La Habana las cuales mandadas por el general Gálvez y el teniente coronel Francisco de Miranda, tomaron parte activa en la Guerra de Independencia de Estados Unidos. Leyenda, en parte, verídica: Aponte participó en la expedición mandada por el general Cagigal que, en 1782, durante la guerra de las colonias de Norteamérica contra los ingleses, salió de La Habana y se apoderó de la isla de Providencia.

El pertenecer a las milicias disciplinadas contribuía a realzar el prestigio de Aponte entre los vecinos de los barrios extramuros de la capital. Además, la dirección del cabildo Shangó-Tedum le daba una especial superioridad dentro de la masa popular de La Habana. Por su origen yoruba, era un ogboni, es decir, miembro de la más poderosa de las sociedades secretas de Nigeria, y, también, en el orden religioso lucumí tenía la categoría de un Oni-Shangó.

Las innegables dotes de organización y la posición privilegiada que ocupaba entre los africanos y sus descendientes, libres o esclavos, le permitieron dar al cabildo Shangó-Tedum una singular fisonomía social y política, de marcado matiz revolucionario. También logró Aponte, quien era lucumí (yoruba), reunir bajo su liderato a hombres procedentes de otras zonas culturales africanas denominadas en Cuba: mandingas, ararás, minas, congos, carabalíes, macuá, bibís, etc. Y, además, incorporar a la bandera libertadora que intentaba enarbolar con el triunfo de su postulado, a los grupos de negros y mulatos emigrados de Haití, Santo Domingo, Jamaica, Panamá, Cartagena de Indias y Estados Unidos, quienes permanecían en Cuba burlando las reales órdenes que obligaban a expulsarlos.

A principios de 1811 salieron para España a cumplir las sentencias impuestas, el capitán Luis Francisco Bassave y Cárdenas y los milicianos negros y mulatos complicados en la Conspiración de 1810. José Antonio Aponte, por intermedio del catalán Pedro Huguet, mantuvo los contactos con determinados elementos, blancos todos, a quienes Bassave había comprometido en el movimiento insurreccional del año anterior.

En la modesta casita, en lo que es hoy calle de Jesús Peregrino —cuyo nombre se debe a la efigie religiosa que figuraba en la puerta de la casa-taller y residencia de Aponte y sede del cabildo Shangó-Tedum—, con el pretexto de celebrar actos religiosos y festivales, actividades corrientes entre los originarios de África y sus descendientes, desde los primeros meses del año 1811 comenzaron a reunirse: Clemente Chacón y su hijo Bautista Lisundia, Juan Barbier, Francisco Javier Pacheco, José del Carmen Peñalver, Estanislao Aguilar, Francisco Maroto y José Sendiga, todos negros libres. Adelantados los trabajos de reclutar adeptos para el movimiento insurreccional, participó igualmente en algunas reuniones Hilario Herrera, alias «el Inglés», dominicano, quien más tarde sería el responsable de la conspiración en Puerto Príncipe (Camagüey), Bayamo y otros lugares de la región oriental de la isla, coordinado con el centro superior de La Habana.

Como punto fundamental del programa mínimo de los conspiradores figuraba la abolición de la esclavitud y la trata negrera, también en forma rudimentaria, es lo cierto, aspiraban a derrocar la tiranía colonial y sustituir aquel régimen corrompido y esclavista por otro: cubano, y sin discriminaciones odiosas.

Coincidieron estas actividades revolucionarias de Aponte con dos hechos de singular importancia; la presencia en La Habana del agente oficial norteamericano William Shaler, cuya misión no era otra que preparar las condiciones objetivas que permitieran la anexión de la isla de Cuba a Estados Unidos, para cuyo plan contaba con el apoyo de un crecido número de hacendados y dueños de esclavos; y la divulgación en amplias capas de la población habanera del proyecto presentado a las Cortes de Cádiz por el diputado mexicano Guridi y Alcocer, en el cual se pedía la abolición de la esclavitud y de la trata en las colonias españolas de América.

Un informe de William Shaler al Departamento de Estado, el 5 de junio de 1811, daba minuciosa cuenta del efecto producido en La Habana por la moción de Guridi y Alcocer que, realmente, había llevado una sensación de catástrofe a los ánimos de los cubanos y españoles adinerados, ya que la noticia había corrido por la isla como un reguero de pólvora.³

Se rumoraba también que la isla sería incorporada a Inglaterra, dado el sesgo que tomaba la guerra franco-española. José de Arango y del Castillo, tesorero de la Real Hacienda, designado por el Ayuntamiento de La Habana para protestar ante las Cortes de Cádiz del proyecto de abolición de la esclavitud, celebró el 14 de junio una importante reunión con el agente norteamericano a quien hizo saber, hablando confidencialmente en nombre de los intereses esclavistas que representaba, la disposición en que se encontraba de buscar el apoyo y hasta la anexión de la isla a Estados Unidos, antes de aceptar la abolición de la esclavitud.

Shaler, quien distribuyó entre los propietarios y ricos hacendados cubanos y españoles numerosos impresos de factura norteamericana, sorprendido en sus turbios manejos fue expulsado del país por órdenes del capitán general, marqués de Someruelos.

El acuerdo del Ayuntamiento de La Habana, de 3 de mayo de 1811, redactado por don Francisco de Arango y Parreño, y en el cual se protestaba el proyecto de abolición de la esclavitud, fue comunicado a todos los demás Ayuntamientos, y se le adhirió el acuerdo del de Santiago de Cuba, el 25 de junio de ese año.

Los números 37 y 38 del Diario de Sesiones de Cortes, con los debates sobre la abolición de la esclavitud, circularon por La Habana. De ellos tuvo conocimiento Aponte, debido a informes suministrados por Huguet y otros elementos blancos, quienes, atraídos por las revoluciones separatistas de México, Venezuela, Colombia, etc., se sentían enemigos del régimen español. Como las circunstancias históricas eran favorables, Aponte y su grupo, antes de realizar alguna tentativa de rebelión armada, hicieron circular por

---

3   José Luciano Franco, *La conspiración de Aponte*, La Habana, Consejo Nacional de Cultura, 1963, pág. 98.

todas las regiones del país la noticia de que habían sido declarados libres los negros esclavos, medida que ocultaban maliciosamente autoridades y hacendados. La propaganda fue tan bien distribuida que, en oficio número 291 de 26 de septiembre de 1811, el Gobernador de Santiago de Cuba trasladó al capitán general los informes de Holguín, donde se hacía saber que en esta villa oriental se había esparcido la noticia «de que los esclavos estaban declarados libres».

Para alentarlo más en su empresa, Aponte conoció en las últimas semanas de 1811 de la llegada al puerto habanero de un barco procedente de Centro América que, en tránsito hacia Santo Domingo, conducía al brigadier negro Gil Narciso y otros oficiales de las tropas auxiliares al servicio de España quienes, bajo el mando de Jean François, Jorge Biassou y el propio Narciso, habían estado en este puerto en 1796. Por temor al efecto que produciría en la población afrocubana la presencia de esos oficiales, el capitán general Someruelos dispuso alojarlos en un barracón del barrio de Casa Blanca.

Aponte, Barbier y Ternero, con distintos pretextos, los visitaron. Esas entrevistas determinaron seguir la táctica de la rebeldía armada que se proyectaba. Recibieron informes detallados de la Revolución de Haití, y de cómo los esclavos se apoderaron de las armas y pertrechos de los colonialistas franceses y ocuparon aldeas y pueblos. Bajo un juramento secreto —cuyo alcance y seriedad solo conocen los abakuá— el brigadier Narciso se comprometió con Aponte en ponerse al frente de los rebeldes cuando éstos tuvieran las armas en su poder.

Por medios que solamente ellos sabían, y que aún guardan en secreto algunos grupos abakuá, los conspiradores de La Habana avisaron a los abolicionistas y a muchos hombres negros y mulatos —libres o esclavos— de Norteamérica, Jamaica, Santo Domingo, e incluso del Brasil, acerca de la revolución que se estaba organizando, y se les incitaba a imitar a los afrocubanos.

Clemente Chacón, Salvador Ternero, Juan Bautista Lisundia, Juan Barbier, Estanislao Aguilar, Francisco Javier Pacheco, José del Carmen Peñalver e Hilario Herrera, «el Inglés», fungieron de segundos de Aponte y acataron su liderato.

Coincidió con los trabajos conspirativos la proclamación de Henri Christophe como rey de Haití. Alguien, no identificado, regaló a Aponte un retrato de Christophe en el cual aparecía con su vistoso traje de ceremonia, y llegó a insinuarle la posibilidad de recibir de parte de éste armas y recursos para los conspiradores de Cuba.

Aponte realizó algunos viajes al interior de la isla, con el objeto de ganar adeptos para la lucha contra la esclavitud y la tiranía colonial. Herrera, «el Inglés», quedó encargado de sublevar las dotaciones de las haciendas e ingenios azucareros de Puerto Príncipe (Camagüey) y Bayamo, y apoderarse de ambas ciudades.

En La Habana el plan era: incendiar las fincas azucareras y las instalaciones industriales de esta provincia y de Matanzas; provocar, en una fecha previamente señalada, incendios en los barrios extramuros de la capital, y apoderarse por sorpresa del Castillo de Atarés y el Cuartel de Dragones, de donde se surtirían de fusiles y cañones para armar a los rebeldes y ocupar la ciudad. José Sendiga planeó una estratagema para sorprender, en el interior de la ciudad de La Habana, la guarnición del Cuartel de Artillería y recoger así una gran cantidad de armas y pertrechos.

Aponte, en su casa, bajo el pretexto de fiestas religiosas, adiestraba y adoctrinaba a los hombres y les mostraba el retrato de Christophe contándoles todo lo que sabía del heroísmo de los esclavos que hicieron triunfar la Revolución haitiana. Con planos preparados de antemano para utilizarlos en la contienda armada, trataba de capacitarlos para la lucha y distribuía los mandos entre los que consideraba mejores.

A Barbier, para ocultar el verdadero nombre del militar negro que habría de mandarlos, se le ocurrió decir que asumiría el mando supremo Jean François, y de ahí partió la conocida leyenda popular.[4] En tanto, el catalán Pedro Huguet tenía a su cargo los contactos con elementos descontentos de la población blanca, antiguos conspiradores de 1810 y amigos del capitán Bassave.

---

4   Jean François, cuyo nombre fue utilizado por Barbier en el asalto al ingenio Peñas Altas, había muerto en España en 1811, pero la leyenda popular habanera se encargó de propagar la falsa historia de la participación directa del famoso haitiano en las insurrecciones de 1812.

Hilario Herrera, «el Inglés», actuaba como agente de la conspiración proyectada por Aponte en las zonas orientales de la isla. Y por campos y poblaciones hizo circular —por medio de sus ayudantes los negros José Miguel González, Calixto Gutiérrez, Nicolás Montalbán, Fermín Rabelo y Román Recio, en Puerto Príncipe; Blas Tamayo y otros en Bayamo— la propaganda oral que prepararía a los esclavos para la rebelión armada.

La propaganda activa del grupo que José Antonio Aponte alentaba y dirigía logró penetrar en las masas afrocubanas de La Habana. Desde las primeras semanas del año 1812, los caleseros y demás sirvientes de la oligarquía negrera comentaban, cada día con mayor interés, las cuestiones que afectaban a su condición de esclavos. En la plaza de San Francisco, en la Alameda de Paula y en el Muelle de Luz, los negros caleseros comentaban que «siendo ya libres, los amos se mantenían callados sin decirles su libertad, y que por esto se habían de levantar».

Interpretaban los debates sobre la iniciativa de Guridi y Alcocer en las Cortes de Cádiz como un hecho consumado. Creían que ya el Rey de España —en esos años prisionero en Francia— había ordenado el cese de la esclavitud. Pero, además, les era casi familiar la liberación haitiana, y, también, los mejor enterados por saber leer y escribir, tenían conocimiento de las revoluciones del cercano virreinato de Nueva España (México) y del de Nueva Granada; por eso decían «que en ninguna parte más que aquí [hablando de la isla] se consentían ni conocían esclavos».

Los más diligentes en los quehaceres revolucionarios eran, en la parte de la ciudad comprendida dentro del recinto de las murallas, los esclavos Cristóbal de Sola, zapatero, y Pablo y José Benito Valdés, caleseros. Los esclavos de la Real Compañía de Comercio se comprometieron. Las reuniones ocasionales casi siempre se realizaban bien en la plaza de San Francisco o en la del Cristo. Los agentes que establecieron esas relaciones —negros libres y criollos— instruyeron a Cristóbal de Sola de que, en el libro en que estaban anotados los nombres de los comprometidos en la dirección de la próxima sublevación, había «como unos treinta entre negros y blancos». Pablo y José Benito Valdés tenían contactos con José Antonio Aponte y Juan Barbier.

En sus misteriosas andanzas por las cercanías del puerto y alrededor de la Plaza de Armas, los tres conjurados en varias oportunidades trataron con Luis —el negro cochero del capitán general Someruelos— acerca de los rumores del cese del régimen esclavista.

La agitación revolucionaria cobró impulso. Aponte dictó una proclama que escribió Francisco Javier Pacheco, en la cual recomendaba estar alertas para derribar la tiranía. Una copia de esa proclama la fijaron en un costado del Palacio de los Capitanes Generales, por la calle de O'Reilly, próximo a la cochera.

Para completar la tarea de preparación revolucionaria, Aponte redactó un extenso documento en el cual se invitaba a los comerciantes blancos de La Habana, a reunirse y tomar acuerdos en vista de que «estaba para caer una columna», anunciándoles el triunfo de la rebelión con la frase: «que en la Iglesia se cantaría la gloria antes del sábado Santo». Documento que hizo llegar Aponte, por medio de un agente de su confianza, al conocido comerciante don Pablo Serra, natural de Cataluña, y quien, al recordar el fracasado intento revolucionario de 1810, y temer por sus propios intereses, lo llevó personalmente al propio capitán general Someruelos.

El citado documento, la aparición del pasquín sedicioso, y, quizás, alguna imprudente charla de De Sola y los Valdés con el cochero del gobernador, pusieron a Someruelos en guardia. Y el 9 de marzo de 1812 fue detenido Cristóbal de Sola. Poco después, se le juntaron en la cárcel sus compañeros de conspiración Pablo y José Benito Valdés.

El 15 de marzo de 1812 Juan Barbier, Juan Bautista Lisundia y Francisco Javier Pacheco sublevaron a los esclavos y, después de una breve y sangrienta refriega, asaltaron e incendiaron el ingenio Peñas Altas, en Guanabo, provincia de La Habana. Pero, al siguiente día, fracasan en el intento de repetir el plan en otro ingenio cercano, Trinidad, no solo por la decisión del mayoral blanco Antonio de Orihuela que se preparó a defenderlo —pues a tiempo fue avisado de la proximidad del peligro por el esclavo Pedro María Chacón— sino también porque el cura de Guamutas, padre Manuel Donoso, influyó con los esclavos para que no participaran en la rebelión.

El lunes 16 de marzo en casa de Aponte se reunieron: Clemente Chacón, Francisco Javier Pacheco, Melchor Chirino, Salvador Ternero, Estanislao Aguilar, Juan Bautista Lisundia y Francisco Maroto. Lisundia relató lo ocurrido en el asalto y toma del ingenio Peñas Altas.

Y como Barbier —quien se hacía llamar Jean François entre los negros bozales— continuaba su tarea tratando de apoderarse de los ingenios Trinidad, Santa Ana y Rosario. Lisundia estaba asustado y confesó sus temores a Clemente Chacón, su padre. Chirino dio detalles más exactos de lo sucedido.

Algunos comenzaron a dudar del éxito de la insurrección. Pero Aponte, con la serenidad que le era habitual, logró reanimar a los que parecían más desalentados. Ternero preguntó si aquélla era toda la gente con que contaba, y Aponte le contestó que era suficiente, «pues en el Guarico los de su clase habían hecho la revolución y conseguido lo que deseaban». Aseguró también Aponte que había hombres muy buenos con los cuales podía contar. A lo que repuso Chacón que no podían hacer nada metidos entre tantos castillos y que serían destruidos por los cañonazos de metralla, y le contestó aquél que no tuviera cuidado, pues en otras partes se había peleado con pólvora de barril, chuzos y otras armas, alcanzando victorias y lo mismo debía esperarse en el caso presente en que se hallaba.

Finalmente acordaron seguir el plan sugerido por Aponte. Se incendiaron las casas de extramuros para distraer la atención de las autoridades, mientras, Salvador Ternero con su grupo tomaba el Cuartel de Dragones, y Clemente Chacón, con el suyo, el Castillo de Atarés.

José Sendiga se ofreció para sorprender el Cuartel de Artillería. La señal de ataque la daría Aponte desde su propia residencia, levantando un gran estandarte blanco con la imagen de Nuestra Señora de los Remedios que, a manera de escudo, estaba colocado en el centro del citado pabellón. Y cuando estuvieran alcanzados los objetivos señalados y los hombres provistos de armas y municiones, el misterioso general negro que estaba en Casa Blanca —Gil Narciso— y sus oficiales vendrían a dirigir las operaciones militares. Aponte confiaba en ellos y, también, según aseguró a los libres y esclavos que le seguían, en los refuerzos que le había prometido —por medio de mensajeros ignorados— Henri Christophe, rey de Haití.

Al capitán general Someruelos —quien desde el día 4 de marzo tenía los informes completos de las abortadas conspiraciones en Puerto Príncipe, Bayamo, Jiguaní y Holguín— le sorprendió, sin embargo, el ataque de los afrocubanos a Peñas Altas. Ni él ni la junta de policía, creada por el Ayuntamiento de La Habana para perseguir toda propaganda a favor de la libertad, tenían la más ligera sospecha de la conspiración revolucionaria que Aponte lidereaba.

Los negros y mulatos, libres o esclavos, comprometidos bajo un juramento que consideraban sagrado, no dieron lugar a que se descubrieran sus planes, próximos ya a ejecutarse. El 19 de marzo, Juan de Dios Hita, capitán y juez pedáneo del barrio de Guadalupe, dio cuenta al capitán general que Esteban Sánchez, pardo libre, platero, natural de Matanzas y gastador del Batallón de Pardos Libres de La Habana, le había denunciado que en la casa del negro Salvador Ternero, uno de los complicados en el motín efectuado el 2 de marzo de 1809, mantenía misteriosas reuniones con José Antonio Aponte, Clemente Chacón y otros. La denuncia fue ratificada por Mauricio Gutiérrez, negro libre, carpintero, vecino que era del citado Salvador Ternero, a quien acusó de que el lunes 16 de marzo, cuando corría en la ciudad la noticia de la sublevación de los esclavos en Guanabo, lo llamó para invitarlo a tomar parte en la insurrección.

Tan pronto recibió las denuncias el capitán pedáneo Hita, las llevó al capitán general, y éste pasó las actas levantadas al primer asesor general, don Leonardo del Monte, quien en vista de las declaraciones del traidor Sánchez, convino en su informe que, en las circunstancias del momento, el asunto era grave, por lo que ordenó el arresto de José Antonio Aponte, Salvador Ternero, Clemente Chacón y Juan de Dios Mesa, quienes fueron detenidos en sus respectivos domicilios y, posteriormente, recluidos de manera provisional en el Cuartel de Dragones, donde el capitán Hita practicó las primeras diligencias. Luego fueron conducidos a la Real Cárcel y finalmente trasladados a la fortaleza de La Cabaña, a cuyas prisiones militares, según avanzaban las investigaciones, fueron llevados Juan Barbier, Juan Bautista Lisundia, Estanislao Aguilar, y los esclavos de los ingenios Peñas Altas, Trinidad, El Rosario y Santa Ana, así como los que aparecieron acusados de agentes de la insurrección en los pueblos de Alquízar y San Antonio de los Baños.

Rápidamente confió el capitán general Someruelos al licenciado Ignacio Rendón y al abogado don Sebastián Fernández de Velazco la instrucción del proceso. En la propia fortaleza de La Cabaña, donde estaban recluidos

Aponte y sus compañeros, se constituyó la comisión encargada del procedimiento judicial.

A Clemente Chacón le encontraron en su casa un plano del Castillo de Atarés, toscamente dibujado. Una proclama a los dominicanos de Christophe, rey de Haití; copia u original de la proclama de Aponte; un signo convencional utilizado por los abakuá, a manera de firma o de señal así como una caja de color rojo con atributos religiosos de origen africano y una esquela, firmada Santa Cruz, cuyo desconocido redactor demandaba de Chacón aclaraciones, pues «decía que las ideas se le habían frustrado».

En la casa que habitaba Salvador Ternero junto al puente que cruzaba la Zanja Real por la calle de Manrique, fueron ocupados también varios objetos religiosos africanos, que calificaron los agentes de la autoridad colonial como de brujería; un sello con una flor de lis, que parece era utilizada como contraseña para identificar o estampar a manera de firma; circulares y otros escritos revolucionarios.

El escribano de la causa y sus amanuenses realizaron varios registros en la casa-habitación de José Antonio Aponte, situada en el lugar conocido entonces por Pueblo Chico, o sea, lo que es hoy calle de Jesús Peregrino —a unos cincuenta metros de la calzada de Belascoaín—. Lo que más llamó la atención de los sabuesos policiales fue un libro de gran tamaño con láminas dibujadas a mano por el propio Aponte con el auxilio de un joven negro, pintor de profesión, nombrado José Trinidad Núñez.

Una de estas láminas representaba un ejército en combate, al parecer entre soldados blancos y negros, surgiendo de estos últimos un general a caballo en actitud de triunfador. Otras, quizás las más importantes para el juez Rendón y sus auxiliares, eran las que reproducían la ciudad de La Habana rodeada por sus murallas; los castillos del Morro, Atarés, la Punta y La Cabaña; los caminos que conducían a Regla y Guanabacoa; los palacios, iglesias, quintas e ingenios azucareros de los alrededores de la ciudad; los muelles y almacenes del puerto, y los cuarteles y demás instalaciones militares. La colección terminaba con pinturas de leyendas bíblicas, mitológicas y folklóricas.

Un retrato al óleo colgado en una pared con la inscripción al pie: José Antonio Aponte y Ulabarra. A los lados, otros cuadros, con los retratos de

Christophe (rey de Haití), Toussaint, Washington y el general Salinas (¿Dessalines?), así como mapas de Europa, Asia y África. También le ocuparon el estandarte blanco y la imagen de Nuestra Señora de los Remedios, bandera y escudo, esta última, del movimiento revolucionario. Además, entre los documentos guardaba Aponte copias de Reales Cédulas, en las que se concedía ciertos privilegios a los oficiales y clases del Batallón de Morenos.

Los informes de estos registros domiciliarios fueron a engrosar los numerosos expedientes de la causa iniciada por el licenciado Rendón que, aún sin concluir, fue elevada no a la Audiencia como correspondía, sino a la consideración del capitán general de la isla de Cuba.

Desde Guanabacoa el brigadier don Martín Ugarte, trasladó a La Habana los esclavos capturados por Antonio Orihuela, pertenecientes a la dotación del ingenio Peñas Altas y quienes, por oficio del capitán general Someruelos al intendente de Hacienda, don Juan de Aguilar, fueron enviados a la misma prisión donde estaban Aponte y sus compañeros. También encerraron allí a los esclavos Francisco González Galano, Juan Bariñas y Desiderio Malagamba, promotores en Alquízar del movimiento insurreccional que lidereaba Aponte.

El juez Rendón, vistas las declaraciones de los presos, que denotaban a las claras la existencia de relaciones entre Aponte y sus auxiliares con los oficiales negros depositados en Casa Blanca, se personó en este lugar para tomar declaraciones al brigadier Gil Narciso y a sus oficiales. No pudo obtener ninguna información positiva, pero, en la duda, ofició el capitán general Someruelos, a quien recomendó la necesidad de que dichos oficiales saliesen de la Isla cuanto antes.

Como resultado del procedimiento judicial el capitán general publicó, el 7 de abril, un bando en el que se condenaba a muerte a José Antonio Aponte y sus más cercanos colaboradores. Ese bando recoge el testimonio de Someruelos de que no hubo juicio en el proceso seguido contra los conspiradores. Reunido Someruelos con el oidor Rendón y don Leonardo Delmonte acordaron, en nombre del régimen colonial, condenar a muerte a los presos. El 9 de abril de 1812 murieron en la horca José Antonio Aponte, Clemente Chacón, Salvador Ternero, Juan Bautista Lisundia, Juan Barbier, Estanislao Aguilar, negros libres, y los esclavos del ingenio Peñas Altas, Esteban, Tomás y Joaquín Santa Cruz. Ese día, en una jaula de hierro, la cabeza de Aponte se puso en exhibición en el lugar que forman las calzadas de Belascoaín y Carlos III, precisamente en la esquina donde se levanta hoy el edificio de la Gran Logia Masónica de la Isla de Cuba.

Los procesos y las ejecuciones continuaron. Así, por ejemplo, el 22 de octubre de 1812, por orden del nuevo capitán general, Ruiz de Apodaca, fueron ahorcados José del Carmen Peñalver, Francisco Javier Pacheco y otros dos afrocubanos rebeldes.

Las represiones sangrientas en Remedios, Puerto Príncipe, Bayamo, Holguín y otros lugares de la región oriental de Cuba, precedieron a las de La Habana. Hilario Herrera, «el Inglés», actuó como agente de la conspiración proyectada por Aponte en las zonas orientales de la Isla. Por medio de sus ayudantes José Miguel González, Calixto Gutiérrez, Nicolás Montalbán, Fermín Rabelo y Román Recio, en Puerto Príncipe y Blas Tamayo y otros en Bayamo, hizo circular por campos y poblaciones la propaganda oral que prepararía a los esclavos para la rebelión armada.

Debemos señalar el papel destacado de las mujeres en los trabajos conspirativos, tanto en San Juan de los Remedios como en Bayamo. En Remedios, María Merced Llanes y María del Buen Viaje Orihuela; en Bayamo, Caridad Hechavarría, Dolores Figueredo, Juana Villegas, María Josefa de la Asunción Naranjo, Josefa Muñoz, María Candelaria Borrero y María Dolores San Diego. Todas ellas desempeñaron un papel de gran importancia en esta conspiración.

Señalada la insurrección para el 12 de enero de 1812, algunos grupos de las dotaciones de esclavos de los ingenios cercanos se sublevaron, pero en la ciudad de Puerto Príncipe (Camagüey), denunciados por los traidores Rafael Medrano, mulato, y Francisco Adan, negro, ambos libres, fueron encarcelados los máximos dirigentes, pero Hilario Herrera, «el Inglés», logró huir.

Poco después, en la Plaza Mayor de Puerto Príncipe fueron ahorcados José Miguel González, Calixto Gutiérrez, Nicolás Montalbán, Fermín Rabelo y Román Recio. Las mujeres, conjuntamente con treinta y un esclavos, fueron azotadas públicamente, fueron condenados a prisión cuarenta y dos cautivos, y el resto enviados al presidio de San Agustín de la Florida. Muchos de los azotados murieron durante la ejecución.

Las fiestas de la Candelaria —2 de febrero—, de San Blas y San Blas Chiquito —3 y 4 de febrero—, la celebraban en Bayamo los negros criollos y los bozales con extraordinario bullicio y alegría. A ellas acudían las dotaciones de las haciendas, hatos e ingenios cercanos. Y durante tres noches consecutivas los tambores de las tumbas francesas atronaban las calles de la villa. Los cabildos afrocubanos aprovechaban esas fiestas para reunirse; renovar a veces los cargos principales de las directivas; cantar y bailar al son de sus tambores las tradicionales músicas africanas, en homenaje a los dioses ancestrales; ofrecerles a estas deidades sus ofrendas rituales, para terminar en grandes comidas donde se servían los suculentos platos afrocriollos. Luego había reuniones misteriosas. Solo hablaban yoruba, mandinga y bibi, lenguas que los criollos no entendían.

En la casa de Blas Tamayo se reunían los cabildos. Había cierta frialdad con los congos. El año anterior —decían los carabalíes—, en el apogeo de las tumbas, los congos se llevaron al santo. Por eso, Francisco Alas solo había convocado al Cabildo de los carabalíes durante los festivales, al que únicamente podían asistir los negros libres para tratar algo secreto. Quizás estaba relacionada esa misteriosa reunión con el viaje que semanas antes realizaron a la ciudad de Santiago de Cuba, conduciendo ganado de sus amos, José María Tamayo (Matamachos), en compañía de José María Santiesteban. Lo cierto es que, desde el año anterior, los mandingas, quienes habían recibido visitas de misteriosos agentes enviados desde La Habana, querían reunir a todos los bozales, sin distinción de orígenes tribales, para rebelarse contra la tiranía esclavista.

Don Félix del Corral, capitán a guerra y teniente gobernador de Bayamo, recibió aviso de su colega de Puerto Príncipe acerca de la sublevación de los esclavos en aquella zona, y la advertencia de que algunos de los sublevados se dirigían a Bayamo. Corral duplicó las rondas nocturnas durante las fiestas de los primeros días de febrero de 1812. En la casa de Caridad Hechavarría, negra libre, estaban reunidos la noche de San Blas varios negros, libres y esclavos: Francisco Alas (el *Emperador*), que residía allí; Joaquín Vidal —ciego—; un jamaicano llamado Joaquín; otros bozales y criollos, nombrados Cristóbal, Antonio y Domingo y las negras María Candelaria Barrero y Juana Villegas, además de la dueña de la casa. Se entretenían en comentar los incidentes pintorescos de las tumbas cuando hicieron su aparición los soldados de una ronda quienes, armados de látigos, dispersaron a los reunidos a quienes golpearon salvajemente, y se llevaron preso a Francisco Alas.

Al siguiente día, Blas Tamayo —*San Blas Chiquito*, como lo llamaban los bayameses—, dio una comida en su casa, precedida por una serie de ritos africanos, a la que concurrieron invitados los minas y mandingas. También asistieron los golpeados de la noche anterior, los que relataron el atropello de que fueron víctimas. La cólera se apoderó de todos. Indignado y en alta voz Blas Tamayo quien, como Aponte era máximo animador del cabildo y que, además, estaba comprometido por Hilario Herrera, «el Inglés» —refugiado en un lugar cercano—, a participar con los suyos en la insurrección general de los esclavos, exclamó: que incendiarían al pueblo y quien la debiera la pagaría. Francisco Alas no participó de esas ideas, y demandó qué pretendía hacer con eso, a lo que contestó el interpelado: Sucedería lo mismo que en Santo Domingo, además, confesó que estaba en contacto con los cimarrones y esperaba apoyo de Puerto Príncipe y Santiago de Cuba. Por último acordaron convidar a los congos para el Domingo de Carnestolendas, y juntos tomar Bayamo y proclamar la libertad de los esclavos.

En medio de las investigaciones que realizaba, el teniente gobernador Corral recibió un escrito en el que se le informaba que el propietario de la hacienda Manicarao había presentado a su esclavo Antonio José Vázquez, quien le había denunciado el proyecto de sublevación de los negros, consistente en incendiar Bayamo, posesionarse del pueblo y proclamar la abolición de la esclavitud y las alcabalas. Y comenzó el proceso entre Blas Tamayo, Antonio José Bárzaga, Juan Téllez, José María Tamayo (Matamachos), Juan (el Francés), José María Santiesteban, Francisco Antonio Fornaris, Antonio María Valdés, Joaquín Fontaine, Joaquín Vidal, Francisco Alas, José Dionisio Céspedes, Simón Antúnez, José Antonio de los Reyes, Tomás Infante, Miguel Ramón de Céspedes, Joaquín de Laguardia, José Caridad Pérez y varias docenas más de negros libres y esclavos, criollos, carabalíes, mandingas, congos, lucumíes, minas, bibis..., amén de las mujeres Caridad Hechavarría, Juana Villegas, María Josefa de la Asunción Naranjo, Josefa Muñoz, María Dolores San Diego, etc.

Según aparece del proceso: «de los encartados Antonio María Valdés y Patricio Figueredo hablaban inglés, y también dominaba ese idioma el Capitán de los Carabalíes, otros como Juan, hablaban francés. Lo que indicaba participación importante de negros procedentes de las colonias cercanas».

Con Blas Tamayo murieron algunos más en el cadalso; otros a consecuencia de los azotes que le propinaron sus verdugos locales y de los presidios de la Florida.

Hilario Herrera, «el Inglés», prevenido a tiempo pudo escapar y trasladarse a Holguín; al fin, logró llegar al puerto de Santiago de Cuba, desde donde embarcó para Santo Domingo. Ya en su país natal, Herrera participó en la sublevación de los esclavos de Mendoza y Mojarra, ese mismo año.

José Antonio Aponte y Ulabarra no pudo, pese a sus excepcionales condiciones de líder, traspasar los límites que le imponía el período histórico en que le tocó actuar, y pagó con su vida el glorioso empeño de arrasar con la sociedad esclavista, y libertar a Cuba del yugo colonial. Pero su ejemplo y mensaje tuvo resonancia internacional.

El brigadier Gil Narciso, complicado en la Conspiración de 1812, a la que no fue ajeno, estuvo mezclado al regresar a su patria, Santo Domingo, en los alzamientos de Mendoza y Mojarra.

Los negros libres José Leocadio y Pedro de Seda prepararon en Santo Domingo un alzamiento de esclavos en un lugar llamado Mojarra. Como en Cuba, ambos líderes reclamaban la libertad que suponían les había concedido las Cortes de Cádiz, y que el brigadier negro Gil Narciso había llegado para ser el gobernador de Santo Domingo. Atacaron la hacienda de Mendoza, lo que dio lugar a que las autoridades hispano-coloniales se previnieran y lograran aplastar al movimiento insurreccional. Leocadio y Seda fueron torturados salvajemente, y descuartizados sus miembros y fritos en alquitrán. A los menos culpables se les azotó cruelmente y se les condenó a trabajos forzados.

En esa misma época —13 de agosto de 1812— se descubrió en Nueva Orleans una conspiración para insurreccionar a los esclavos. Como en la de 1812 en Cuba, blancos y negros estaban complicados. Uno de los hombres blancos, Joseph Wood, fue condenado y ajusticiado en Nueva Orleans, el 13 de septiembre de 1813, inculpado como líder de la conspiración. Este movimiento antiesclavista —sangrientamente reprimido por el gobernador Clairborne— bien pudiera haber estado relacionado con los de Cuba y Santo Domingo. Y es probable que no fueran extraños a estas dos conspiraciones para libertar a los esclavos, las rebeldías del nordeste del Brasil, que mantenían frecuentes comunicaciones con sus hermanos de las Antillas y que, desde 1807, apelaban a las armas para abolir la servidumbre y la trata negrera.

Confirma esta presunción el estudio del profesor brasileño Gilberto Freyre, acerca de la influencia de la caña de azúcar en la vida y composición del paisaje del nordeste del Brasil: «Es un punto a estudiarse con cuidado, las repercusiones de los grandes movimientos de rebeldía de los esclavos de las Antillas, sobre las diferentes áreas esclavistas del Brasil».[5]

---

5   Gilberto Freyre, Nordeste: aspectos da influência da cana sobre a vida e a paisagem do nordeste do Brasil, Rio de Janeiro, J. Olympio, 1951, pág. 188. (Trad. de J. L. F.).

Documentos del Archivo General de Indias

I
[Envoltura]
Habana. Causa formada en 1810 sobre intento de sublevacion y francmasoneria.
Don Ramón de la Luz de 1820 donde consta los demas individuos comprehendidos en ella. Habana 1810-1820.

1810, a 1820
Habana, Causa formada en 1810 sobre intentada sublevación y francmasonería.
Se hallan comprendidos en ella:
Don Manuel Aguilar Justio
Don Antonio Alvarez
Don Luis Bassave
Don Francisco Barrutia
Don Jose Clares
Don Manuel Garcia Coronado
Don Joaquin Infante
Don Roman de la Luz
Don Jose Peñaranda
Don Juan Jose de Presano
Don Manuel Ramirez

Nota
El Gobernador de la Habana recomienda con eficacia al teniente del Rey don Francisco Filomeno comisionado y Asesor en la referida causa.

II
Nº 245 El Gobernador de la Havana da cuenta de la noticia difundida alli sobre conmocion popular que no ha ocurrido y de la indagación que se hace sobre el asunto.

Excelentisimo Señor.

La noche del día 4 del corriente en que tenia a la vista el cadaver de mi unica hija, se me denuncio que cierta conspiracion proyectada contra el Gobernador y los vecinos honrados de esta ciudad debia verificarse el dia siete siguiente.

Al momento comisione al Teniente Rey, y nombre de Asesor al Licenciado don Francisco Filomeno; y han procedido en el descubrimiento de los autores, con tal actividad y delicadesa, que muchos de ellos se hallan presos, se solicitan con eficacia los demas complices; y entretanto se sustancian las causas, se toman providencias oportunas para impedir la excucion del plan concertado, y evitar otras de igual naturaleza.

[fol. 1 v.] La constancia con que se obra en este arduo asunto, pondrá en claro dentro de breves dias, toda la maquinacion: los culpados recibiran muy luego el castigo, y el publico que aguarda con interés el exito deste grave negocio, tiene la mayor confianza en que su seguridad no será perturbada.

De lo que instruyo a V.E. para noticia de S.M. quedando en participar a V.E. las resueltas al mismo fin.

Dios guarde a V.E. muchos años. Habana 16 de octubre de 1810.

Excelentisimo Señor El Marques de Someruelos (rúbrica)
Excelentisimo Señor Don Nicolas Maria de Sierra

III

Nº [...]

El Gobernador de la Havana remite testimonio de lo determinado con motivo de las diligencias actuadas hasta ahora en punto a la noticia que corrio de conmoción en aquella ciudad la cual no ha tenido efecto; y que se continuan dichas diligencias por la comision nombrada por el Gobernador al intento.

Excelentisimo Señor.

En carta de 16 de octubre anterior nº 241, di cuenta a V.E. de la noticia difundida en esta ciudad sobre conmosion popular, que no habia ocurrido, y de la indagacion que hacia del asunto.

Seguidas estas diligencias con la actividad y zelo del Juez comicionado y nombrada por mi una junta de Letrados condecorados y de credito de esta cuidad para con dicho juez determinar en la materia con el pulso que pedia la entidad del negocio, se ha acordado por dicha junta lo que consta del adjunto testimonio, comprensivo de mi auto de conformidad que paso a V.E. para noticia de S.M.

[fol. 1 v.] Por lo tocante al Capitan de milicias de Caballeria Don Luis Bassave, espero la resolucion de S.M. de si se ha de dar por vacante su empleo y proponerlo: y sobre los reos Don Roman de la Luz y el citado Bassave; los negros libres que servian en el batallon de Morenos milicias disciplinas de esta plaza, Ramon Espinosa, Juan Jose Gonzalez, Buenaventura, Cervantes, y Carlos de Flores se remitiran todos a España en primera ocasion oportuna; y lo mismo los negros esclavos Juan Ygnacio Gonzalez y Laureano: los quales han sufrido ya la pena de azotes a que han sido condenados ademas del presidio.

Sin embargo de esta actuacion queda todo en tranquilidad y contentos estos leales y honrados habitantes con las penas impuestas a los reos, de lo que instruyo igualmente a V.E. para conocimiento de S.M. quedando en dirigir los [fol. 2.] autos luego que se saque testimonio de ellos.

Dios guarde a V.E. muchos años. Habana 14 de noviembre de 1810.

Excelentisimo Señor Marques de Someruelos (rúbrica)
Excelentisimo Señor Don Nicolas Maria Sierra

IV

Nº 158
El Gobernador de la Havana: Yncluye testimonio de lo acordado por aquel Ayuntamiento a consecuencia de una representacion, pidiendo se traslade la Audiencia a aquella ciudad.

Excelentisimo Señor.

Con el oficio de que acompaño copia, me han dirigido los Regidores Comisarios de este Ayuntamiento testimonio de lo que acordo en Cabildo ordinario celebrado en 3 del corriente, a consecuencia de la representacion que hicieron su considerable numero de vecinos respetables en todo sentido y por todas circunstancias pretendiendo la traslacion de la Real Audiencia del distrito de esta capital en virtud de las rasones que esponen; sobre cuya pretensión manifiesto a V.E. para la determinacion del Rey N.S. que aunque se había creido muy conveniente la traslacion de la Real Audiencia a esta ciudad y aun yo mismo estube muy persuadido de que seria muy util su establecimiento en esta plaza segun indique a V.E. en mis oficios numeros 78 y 10, la experiencia me ha hecho conocer [fol. 1 v.] que mas ventajoso seria la administracion de justicia el establecimiento de un tribunal de segunda instancia semejante a la acordada de Mexico para la persecucion y castigo de los reos y delitos de que aquella conosia.

Dios guarde a V.E. muchos años. Habana 26 de marzo de 1825.

Excelentísimo Señor Francisco Antonio Vives (rúbrica) Excelentisimo Señor Secretario de Estado del Despacho de Gracia y Justicia

V
Nº [...]
El gobernador de la Habana participa continuar en tranquilidad el vecindario de aquella ciudad.

Excelentisimo Señor.

Despues de lo que participé a V.E. en carta de 6 de diciembre anterior nº. 252 sobre la conmocion intentada en esta Plaza por los Individuos que alli se expresan, no ha ocurrido novedad alguna en ella, y sigue en tranquilidad este vecindario, lo que me ha parecido notificar a V.E. como lo hago, para el debido conocimiento del Consejo de Regencia.

Dios guarde a V.E. muchos años. Habana 14 de Enero de 1811.

Excelentisimo Señor El Marques de Someruelos (rúbrica)
Excelentisimo Señor Don Nicolas Maria de Sierra

VI

Nº [...]

Señor

D. Luis Francisco Barssave, Capitán de Capitán de carabineros en el Regimiento de Caballería de la Plaza de la Havana a los Reales Pies de Vuestra Magestad expone: Ser hijo del coronel de su nombre y de Doña Maria de Jesus Cardenas; que el primero dio principio a la Carrera de las Armas en tres de noviembre de treinta y seis con una compañia de Dragones que levanto a sus expensas y se hallo en el sitio de la Plaza de la Havana año de setenta y dos siguiendo a su rendición los Estandartes a este destino, dejando en abandono familia y bienes; Que la segunda se expuso a perder vida y hacienda conforme a todo el que ocultase caudales de S.M. y no los manifestase; los reservó y entregó al restablecimiento de la nominada Plaza; su Padre. Que el que representa sirve de nobles de la misma Ciudad: Que el trece de Marzo del setenta y ocho fue promovido al Empleo que obtiene por el amor que manifestó al Real servicio; expresiones constantes en el Real despacho: Se ha hallado en la costa de Bocaciega con dos compañias de su mando a impedir el Desembarco de [fol. 1 v.] tropas britanicas. Salio en conmocion de los negros a contenerlos con su compañía donde se le reunieron tres mas, las que tuvo bajo sus ordenes, desempeñando con puntualidad lo que se le mandava; ha sido comandante de su Regimiento dos ocasiones, igual numero de Esquadron, y viendo asi corresponderle se vio desfraudado, y la ultima para darla a un agregado que tubo vajo sus ordenes para enseñarle: Ha dado para gastos de las Guerras de Francia e Ynglaterra. Sus dos hijos don Luis y Don Rafael tubo la satisfaccion de verlos colocados en la Real Armada; el primero se ha hallado en tres combates, y el vltimo que fue el de Oropesa, fue echado a pique, pero logró salvar un comboy que partia a Mallorca: Ha cedido mil y mas pesos a V.M. para las vrgencias de esta Guerra: El segundo menos feliz se hallo en el combate, del Ferrol quando el desembarco de la Nacion Britanica, salio mal herido, y restablecido fue embarcado en el Real Carlos, y sufrio una suerte desgraciada, pues boló. Quanto tiene expuesto acreditará lo demas bulto de presente, y al arribo del correo de la Havana, y lo que le falte con testigos.

Nada de esto a pesado en la balanza del Marques de Someruelos, parece que se ha complasido en atropellar a vn fiel Patriota, a un hombre que en la conmocion de los Negros fue el primero que le avisó segun entendio de su boca; y todo señor, por quien, por Don Roman de la Luz, vn hombre discolo, dilapilador y fracmason, pues tiene causa abierta, y fue confinado a vna finca rural hasta la deliveracion de S.A. mas, señor, los Autos no creo han venido; S. Roman pasaba libre la Havana, y el Marques de Someruelos se desentendía o no lo comprendia.

[fol. 2.] Suplica a V.M. a quien se acoje le favoresca abriendole la comunicacion para indemnizarse. Gracia que espera de la Real Piedad de V.M.

Castillo de Santa Catalina 28 de Febrero de 1811.

Señor A.L.R.P. de V.M.
Luis Francisco Bassave (rúbrica)

VII

Nº 252 [fol. 1.]

El governador de la Habana remite dos testimonios de igual numero de piezas del auto formados en aquella plaza con motivo de la conmocion intentada en ella por los individuos que se expresan.

Excelentísimo Señor.

En cartas de 16 de octubre y 14 de noviembre ultimos, he dado cuenta a V.E. de lo practicado hasta entonces a motivo de la conmocion que se tramaba en esta ciudad, y de lo practicado a su consecuencia, y ahora acompaño a V.E. testimonio integro de los autos que por comision mia formó el Teniente rey de esta plaza don Manuel Artazo con la consulta del Licenciado Don Francisco Filomeno, Abogado de los Reales Consejos, y Juez general de bienes de difuntos en esta ciudad por este bienio sobre averiguar la sublevacion que algunos insurgentes tenian tramada contra el Gobierno y la seguridad publica. La conspiracion se denuncio al teniente rey la noche en que tenia a mi vista el cadaver de mi unica hija: me la participó, y en el [fol. 1 v.] punto le cometi amplias facultades para que baxo la direccion del Letrado referido procediese a las diligencias indagatorias del delito, sus autores y complices con la celeridad y energias correspondientes a la gravedad y delicadesa de la materia, reservandome sin embargo dictar por mi parte todas las providencias que estimare oportunas segun se fuesen adelantando los descubrimientos.

El xefe comisionado obró en efecto con la mayor actividad en el desempeño de tan arduo encargo. En breves dias se concluyó la sumaria; y con la consulta del Asesor primitivo, y a Don Jose Antonio Ramos, oidor Decano de la Real Audiencia, Don Domingo Santibañez oidor honorario de la propia Real Audiencia y Auditor de Guerra, Licenciado Don Luis Hidalgo Gato, y Doctor Don Jose Maria Sanz, que fueron combocados al intento, reunidos en las salas consistoriales pronunciaron la sentencia que aparece en el proceso. [fol. 2.] Para penetrarse de las razones y fundamentos en que descansó la consulta al pronunciar el definitivo, es muy importante formarse alguna idea del caracter y circunstancias de los delinquentes castigados, pesando también las consideraciones que indican el dictamen de foja 234 buelta.

Don Roman de la Luz, principal reo del proceso, es un sugeto de distincion en esta ciudad: se halla enlazado estrechamente por los vinculos de la sangre con las primeras familias y con personas que ocupan empleos honorificos en la Habana; pero su conducta no corresponde a sus principios y conexiones: su inmoralidad es publica y notoria: carece de ocupasion o destino que le retraiga de sus descarrios y empresas amorosas, tanto mas criminales, quanto tiene quasi abandonada una consorte virtuosa. El mismo se incorporó en cierta logia de Fracmasones, establecida aquí a pesar de la vigilancia del Gobierno. El año inmediato pasado, se denuncio que con otros individuos de aquella secta promovia Don Roman planes de independencia y rivalidad entre españoles europeos y americanos. Comisione entonces al oidor Decano de esta Real Audiencia Don Jose Antonio Ramos, para la formación de la causa, y habiendose substanciado, se elobo al Ministerio del cargo de V.E. con fecha de 3 de marzo de este año numero 205, y hasta ahora no ha descendido resolucion alguna. Mi dictamen en aquel expediente se inclinaba a remitirle a España, como un homvre peligroso en este país; pero tuve que sujetarme a la consulta del Ministro togado esperando la determinacion soberana. Este mismo Don Roman, fue el delator de la conspiración combinada para hacer su estrago el 7 del octubre ultimo, dia en que celebra esta ciudad la fiesta del Santisimo Rosario, reuniendose todas las almas piadosas. La delación entraba en el plan subvercivo; pues pretestando que sabia donde se hallaban reunidos los sediciosos, pidio al gobierno gente armada para salir autorizado a su frente; reunir despues otras de su facción, condecoradas con el nombre de patriotas y dispersar la rebelion. Con el velo de buen ciudadano, y procurando la salvacion de su patria que se miraba en inminente peligro, solicitava auxilios poderosos, y una autoridad precaria y momentanea, para emplear las fuerzas y el poder contra sus mismos conciudadanos atacando al Gobierno y a los ricos propietarios. Esta conjetura, que se formo en el acto de hacer su denuncia, se confirmo despues con las justificaciones que manifiesta el proceso. Allí consta que Luz se ocupó en propalar papeles sediciosos, quince días antes de verificar su declaracion que procuro exitar una revolucion coligado con otros criminales, y que si no se hubiera reprimido con un procedimiento activo y acertado, habria realizado su proyecto de subvercion. [fol. 3 v.] El capitan Don Luis Basave, es igualmente de una familia distinguida y esta enlazado con otras de la primera gerarquia, sus luzes son bien escasas, y ordinariamente se halla enagenado con el vicio de la embriaguez que lo domina. Baxo el pretesto de contenerme en el gobierno y resistir la entrada de mi sucesor, sobre cuyo particular le hize reprehender y conminar por medio del teniente rey, combocada y exitada a los negros y mulatos y a la hes del pueblo para sublevarse; y capitaneando esta turba multa, hubiera sin duda cooperado al plan de Don Roman de la Luz. Asi, pues, no es estraño que sabiendo este las gestiones de Basabe procurase acalorarlo contando con la fuerza que se iba adquiriendo en el populacho para atraersela en su oportunidad.

Los Negros van condenados en los terminos que manifiesta la sentencia, por las razones que demuestra la actuacion.

El escribano Don Manuel Ramires, [fol. 4.] fue comprehendido en el proceso formado el año pasado contra los Fracmasones; y por los indicios vehementes que contra el resultaron, tratandole acaso con una excesiva indulgencia, se le apercibio con la mayor seriedad. Su conducta ha sido siempre sospechosa; y aun despues de aquella conminacion no se ha reformado en lo más leve. Siempre anda asociado con los sectarios: la voz publica clama contra el y le señala como uno de los patronos y corifeos de esa congregacion clandestina con que ordinariamente se promueven proyectos de insurreccion, censurando agriamente el gobierno, y procurando arreglarlo a los principios de su doctrina. Con el merito de aquella causa y con los motivos nuevamente prestados, se le ha desterrado por cuatro años de esta Ysla.

Es de mi obligación hacer presente la actividad del teniente rey, en el desempeño de esta comisión. Ha asistido [fol. 4 v.] personalmente a todos los actos del proceso; y tanto por el dia como por la noche ha trabajado incesantemente hasta su conclusion. Del mismo modo debo recomendar el nuevo merito contraido por el Licenciado Don Francisco Filomeno, autor de la causa. Este Letrado ha tenido a su cargo algunas de las consernientes a la seguridad publica, desde que los movimientos politicos de la Peninsula nos pusieron en las circunstancias delicadas en que nos hallamos. Quando el año anterior de 1809 se conmovieron una parte de la chusma de negros y mulatos contra las propiedades y vienes de los franceses que se hallaban avecinados en la Ysla con licencia del Gobierno; y cometieron excesos criminales aun contra los mismos españoles; fue comisionado por mi, con el Auditor de Guerra y otro Letrado, para fulminar los procesos a los revoltosos; y desempeño su encargo como los otros letrados, con eficacia y acierto.

[fol. 5.] Entonces le comisioné tambien para que pasase a los campos a 80 leguas de esta ciudad, a donde se habian extendido y propagado los malvados; y alli en brevisimo tiempo substancio diligencias correspondientes a más de veinte procesos, consultando sus respectivas sentencias criminales. Ha formado además algunas sumarias indagatorias de la conducta de varias personas que se han hecho sospechosas, pasando algunas veces abordo de los buques a evacuar sus importantes encargos, aun en horas de reposo. Con la mayor celeridad y orden substanció a mi presencia el proceso contra Manuel Rodriguez Aleman y Peña, emisario del gobierno intruso, logrando con su buen tino encontrar el secreto donde venian colocados los pliegos sediciosos. Formo en seguida el manifiesto de la causa, que se imprimio aqui, y ha sido reimpreso en otras ciudades de America, mereciendo el mayor [fol. 5 v.] aplauso.

En muchas de estas penosas fatigas no ha percibido dho Letrado el menor lucro o emolumento; pues muchos de los procesos se han seguido contra hombres insolbentes.

Todo lo expuesto lo hago presente a V.E. para noticia del consejo de Regencia.

Dios guarde a V.E. muchos años. Habana 6 de diciembre de 1810.

Excelentisimo Señor
Don Nicolas Maria de Sierra

Excelentisimo Señor
El Marques de Someruelos (rúbrica)

VIII
ACUERDO
1372. vta.
[fol. 1.] En la ciudad de la Havana, en cinco de Noviembre de mil ochocientos diez años, reunidos los Señores Don Manuel Artazo Brigadier de los Reales exercitos Teniente de Rey de ésta Plaza, Don Jose Antonio Ramos Oydor decano de la Real Audiencia del Distrito, Don Domingo Santibañez Oydor de la propia Real Audiencia y Auditor de Guerra de esta Plaza, Don Francisco Filomeno juez general de bienes de difuntos, Don Luis Hidalgo Gato y Don José Maria Sanz que componen la Junta prevenida por el Excelentisimo Señor presidente Gobernador y Capitan General en decreto de veinte y nueve del mes proximo pasado, se leyo todo lo obrado desde fojas doscientas cinquenta y nueve vuelta, en que se hallan evacuadas las solemnes confesiones de los reos, y demas diligencias dispuestas en el acuerdo, que comienza a [fol. 1 v.] vuelta de fojas docientas cinquenta y siete reiterándose el prolixo examen de todos los lugares más interesantes del proceso, despues de reflexionar quanto parecio oportuno en tan grave causa, se dictaminó con unanime parecer de todos los Señores que Don Roman de la Luz sea condenado a diez años de presidio, del qual no podrá salir sin licencia de S.M. con absoluta y perpetua prohibición de residir en ambas Americas, apercibido de que en caso de inobservancia se le

castigará con todo el rigor de la Ley; que igualmente el Capitan don Luis Bassave sea condenado a ocho años de presidio baxo la misma condicion, y con extrañamiento absoluto de la Ysla: que a los negros libres Ramon Espinosa Sargento primero del Batallon de su Clase, Juan José Gonzalez Sargento segundo, Buenabentura Cervantes Cabo primero, y Carlos de Flores Soldado del propio Batallon de Morenos, se les ponga tambien en presidio por diez años con grillete al pie a racion y sin sueldo los tres primeros, prohibiendo a todos vuelvan a esta Ysla con el propio apercibimiento [fol. 2 v.] que los esclavos Juan Ygnacio Gonzalez, y Laureano sean tambien condenados a ocho años de presidio, el ultimo con grillete al pié, y que ademas se les den ciento y cinquenta azotes por las calles publicas, y cinquenta a la Picota que en atención a no convenir que los antes dhos sean destinados a parage alguno de America, se remitan todos a la Peninsula para que sufran los dos primeros sus condenas en el presidio de Ceuta, y los demás en el Correcional de Cadiz, encargandose a quien corresponda por lo que respecta a los esclavos Juan Ygnacio Gonzalez y Laureano, que despues de cumplido su termino queden empleados como siervos de S.M. en qualquiera trabajos perpetuamente: que Don José Maria Montano, Don Francisco, Alvarez, y Don Gabriel Pantaleon de Escarti paguen de mancomun et insolidum la tercera parte de las costas del proceso, sufriendo el primero tres meses de prision en la carcel publica, y uno el segundo, apercibi [fol. 2 v.] endose a todos de mas severa demostración en caso de reincidir en las faltas por que ahora se les corrige: que sea de la propia suerte mancomunado con los ante dichos, en la tercera parte de costas don Manuel Ramirez, a quien por las indicaciones costantes en este proceso, y las que les resultan del formado en el año pasado por el señor oydor Don Jose Antonio Ramos que se ha tenido a la vista en donde fue apercibido; se le destierre a qualquier pueblo de la Peninsula por el termino de cuatro años, con prohibicion de volver a la Ysla sin licencia de S.M. y que para su salida se le señale un brebe tiempo, poniendose entretanto en arresto seguro: que siendo muy conveniente seguir las indagaciones sobre los motivos del procedimiento, en que estan indicados los Pardos José Doroteo del Bosque, y Juan Cavallero, y los morenos Antonio José Chacon, y José de Jesús Cabadeiro, ya presos, asi como el Señor Don Joaquin Ynfante, Pedro

Sanchez, y Manuel Chacon, ausentes y emplazados por [fol. 3 v.] edictos y pregones, continue la comision en exercicio, tanto con aquel objeto, como con el importante de que tengan los vecinos honrados de ésta ciudad adonde concurrir por ahora, a manigestar las noticias que sepan, o puedan adquirir sobre algunos malvados que no ha sido posible describir y que probablemente existiran, haciendose esto notorio por medio de un bando, que convendrá publicarse del modo acostumbrado en el que se harán las advertencias oportunas: que con respecto a los otros individuos contra quienes resulta alguna complicidad en el procedimiento, se esté al acuerdo que por separado se ha tenido: que de la expresada Causa formada por el señor oydor don Jose Antonio Ramos, y cuyos autos se han pasado a esta comision se compruebe testimonio de todo lo pertinente a Don Manuel Ramirez; de las declaraciones ministradas por don Judas Tadeo de Aljovin y Don José del Castillo con el oficio que precede a estas y tambien del cargo que en confesión se hizo al referido Luz con la declaracion de Aljovin, poniendose la cabeza y pié de aquella diligencia: [fol. 3 v.] que se haga liquidacion de las costas causadas y deducida la parte en que van condenados los ante dhos, las demas sean satisfechas tambien de mancomun et insolidum por los otros reos arriba expresados: y que por ultimo, se eleven los autos al excelentisimo señor Presidente Gobernador y Capitan General vaxo de participacion politica de estilo para que en vista de ellos y la presente consulta, determine S.E. lo más oportuno, disponiendo en caso de conformidad, todo lo necesario para la execucion de las penas ya referidas, en orden a los Militares a quienes se les aplican; y que se dé cuenta con testimonio integro de los autos a S.M. a los efectos convenientes: con lo que se concluyo el acto, que firmó su señoria y todos los demas señores de que doy fé = MANUEL ARTARO = JOSÉ ANTONIO RAMOS = DOMINGO SANTIBAÑEZ = FRANCISCO FILOMENO − LICENCIADO LUIS HIDALGO GATO = DOCTOR JOSÉ MARIA SANZ

Ante mi
José de Salinas

IX
OTRO RESERVADO DEL 375
En la ciudad de la Havana en cinco de noviembre de mil ochocientos diez años, reunidos en las salas Capitulares, los SS don Manuel Artaro Brigadier de los Reales Exercitos Teniente de Rey de esta Plaza, Don José Antonio Ramos Oydor de [fol. 4.] la Real Audiencia del Distrito, don Domingo Santibañez oydor Honorario de la misma Real Audiencia y Auditor de Guerra de esta Plaza, Don Francisco Filomeno Juez General de bienes de difuntos Licenciado Don Luis Hidalgo Gato, y Don José María Sanz dictaminaron unanimemente: Que siendo constante en estos autos seguidos para averiguar la sublevacion proyectada en esta ciudad que el señor don Pedro Gamon Ministro Honorario del Consejo de Hacienda y Administrador de la Real Factoria de Tabacos de esta Ysla, don Antonio Daza Maldonado contador principal de dicha factoria, Don Andres Armesto comisario de Guerra Honorario el Capitan de Morenos Ysudri Moreno, y el Sargento de Pardos Pedro Alcantara Pacheco supieron los tres primeros del papel sedicioso en que se exhortaba a la independencia de estos dominios, y fué el mismo que salió de la botica de Don José Maria Montano; y los otros dos del partido que trataba de formar el capitan don Luis Bassave, con objeto a que no se recibiera aquí el nuevo Capitan General que esta electo para la Ysla: como en todos estos sugetos hay verdadera complicidad, mas o menos directa, y por consiguiente mas, o menos criminal, pues han faltado a la estrecha obligación de manifestar oportunamente a la autoridad el peligro en que se hallaba la Patria; sin embargo como por las notorias circunstancias de los referidos Señor don Pedro [fol. 4 v.] Gamon, Don Antonio Daza Maldonado, y Don Andres Armesto: la honradez de los dos artesanos que resistieron a las insinuaciones del capitan Bassave, no puede presumirse dolo en su conducta: se acordo, que reservadamente se consultara al Excelentisimo Señor Presidente Gobernador y Capitan General que del modo que a S.E. parezca mas conveniente, les hiciese entender su reparable en el particular, haciendoles las prevenciones oportunas para lo sucesivo: Con lo que se concluyó el acto que firmó su señoria y todos los demas SS de que doy fé = MANUEL ARTARO = JOSÉ ANTONIO RAMOS = DOMINGO SANTIBAÑEZ

= LICENCIADO FRANCISCO FILOMENO = LICENCIADO LUIS HIDALGO GATO = DON JOSÉ MARIA SANZ

Ante mi
José de Salinas

X. Decreto
Havana y Noviembre ocho de mil ochocientos diez = Con lo resuelto en el acuerdo que precede patente estos autos al Excelentisimo señor Presidente Gobernador y Capitan General baxo la participacion politica de estilo, y a reserva de lo que S.E. determinase, pongase en arresto a Don Manuel Ramirez en el Castillo de la Cabaña, dandose la orden correspondiente al Comandante para que tenga el mayor cuidado con la seguridad de su persona = ARTARO =
LICENCIADO FILOMENO = –

José de Salinas

XI. Participación
En la ciudad de la Havana en nueve de Noviembre de mil ochocientos diez años pase al Palacio que habita el Excelentisimo señor Presidente Gobernador y Capitan General y previas las ceremonias de estilo participe a S.E. el decreto que antecede entregandole en propia mano los autos [fol. 5.] que comprende lo actuado en ésta comision y la que se tuvo a la vista de la que en el año proximo pasado se confirio al señor oydor Don Jose Antonio Ramos De ello doy fe

José de Salinas

XII. Auto de conformidad
377 Vuelta
En la ciudad de la Havana en diez de noviembre de mil ochocientos diez años, el excelentisimo señor don Salvador José de Muro y Salazar Marques de Someruelos, Teniente General de los Reales exercitos Presidente de la

Real Audiencia del distrito, Gobernador y Capitan General de esta dicha ciudad e Ysla dixo S.E.: que habiendo visto y considerada la sentencia consultada con magnanimidad a los cinco días del corriente mes por la Junta formada al efecto, y compuesta de los Señores don Manuel Artaro Brigadier de los Reales Exercitos Teniente de Rey de esta Plaza, Don José Antonio, Oydor Decano de dicha Real Audiencia del Distrito, Don Domingo Santibañez Oydor Honorario de la propia Real Audiencia, y Auditor de Guerra de ésta Plaza, Don Francisco Filomeno Juez General de bienes de Difuntos, Licenciado don Luis Hidalgo Gato, y Don José Maria Sanz en la causa sobre averiguar cierta sublevacion proyectada entre varias gentes de Color, la qual ha sido instruida y substanciada por los referidos señores Don Manuel Artaro y Don Francisco Filomeno, se conformaba con ella, y la aprobaba en todas sus partes, dando por suplidos y [fol. 5 v.] evacuados los auxilios y formalidades necesarias de estilo, relativamente a los reos que gozan de fuero Militar, en quanto residen en su persona la Jurisdiccion ordinaria y militar, y ademas ha intervenido, y consultado en ella el señor Auditor de Guerra; para que en esta virtud se lleve a efecto dha. sentencia sin tardanza alguna, respecto de todos los comprendidos en ella, y que asi mismo se conforma en prorrogar la comision que tiene conferida al señor don Manuel Artaro, a fin de que continue la causa, hasta ponerla en igual estado contra los otros reos presentes, y ausentes que se hallan sindicados, y contra los demas que se descubrieran en su proceso, procediendo con el mismo zelo actividad y patriotismo que acredita lo obrado hasta aquí. Y por lo que toca al acuerdo reservado, tambien consultado en la propia fecha, relativamente a las tres personas condecoradas y distinguidas por su buena conducta y opinion general, como asimismo a los dos honrados artesanos que han participado al gobierno las noticias que tenían sobre el caso; dixo, que conformandose, como se conforma [fol. 6.] con el voto uniforme de la referida Junta, se les haga comparecer a la presencia de S.E. para que sean amonestados y advertidos de los deberes de buen ciudadano en semejantes materias: y finalmente que se instruya al Publico del resultado de éste procedimiento por medio de un bando conforme al dictamen de la propia Junta; y que se dé cuenta al gobierno supremo con testimonio de los autos: Que por este que S.E. proveyo así lo mando y formó de que doy fe = el Marques de Someruelos = Ante mi = José de Salinas. Es conforme a sus originales que existen en los autos del asunto a que me refiero. Y en virtud de orden verbal del Excelentisimo Señor Presidente testimonio en la Havana a trece de Noviembre de mil ochocientos diez años.

José de Salinas (rúbrica)

XIII
MINUTA
Al Gobernador de la Havana.
[fol. 1.] El consejo de Regencia de los reinos de España e Yndias se ha enterado del oficio de V.E. su fecha 16 de octubre del año proximo pasado en que participa haverse desvanecido la proiectada conspiracion que algunos malevolos intentaban contra el Govierno y los vecinos honrados del pueblo para el dia 7 del referido mes, y satisfechos S.A. de las oportunas providencias tomadas por V.E. con este motivo, comisionado para la averiguacion de los autores del concertado plan al teniente Rey de esa plaza, y nombrando por su Asesor al licenciado don Francisco Filomeno, asi como de la actividad y esmero con que estos han procedido en su comision; ha tenido a bien resolver se le den a V.E. y a los referidos tenientes Rey y Filomeno las mas expresivas gracias en su nombre, como lo executo de su Real Orden, esperando continuaran con el mismo celo, velando [fol. 1 v.] sobre la tranquilidad publica lo que de orden del mismo consejo de Regencia comunico a V.E. para su inteligencia i satisfaccion, i la de los interesados.

Dios guarde &c. Real Ysla 18 de enero de 1811.

XIV
MINUTA
Al decano del Consejo de Yndias.
El governador de la Havana en su carta nº 252, de 6 de diciembre ultimo remite los dos adjuntos testimonios de los autos formados en aquella ciudad con motivo de la comocion inventada en la noche del 7 de octubre del año ultimo; en la qual se hallan comprendidos entre otros el Capitan de Milicias

de Caballería Don Luis Bassave, y Don Roman de la Luz, presos ambos actualmente en el Castillo de Santa Catalina de esta plaza; los quales han dirigido desde su encierro a esta via reservada las dos adjuntas instancias, que de Real Orden remito a V.Y. para que uniendolas a los citados testimonios que de la misma incluio termine el Consejo lo que estime correspondiente en justicia.

Dios &c. Cadiz 10 de Marzo de 1811.

XV
MINUTA
Al mismo.
Con motivo de la conmocion intentada en la Havana, cuios autos remiti al Consejo de Real Orden con fecha de aier, comisionó aquel Governador para la actuacion de esta causa y aprehension de los reos en calidad de Asesor al Abogado don Francisco Filomeno, sugeto que por su instruccion, y exacto desempeño en las varias delicadas comisiones que anteriormente havian fiado a su cuidado merecia toda su confianza, y la de aquel fidelisimo vecindario: fue tal la actividad de Filomeno en esta ocasion, que a sus acertadas disposiciones se devió que aquel pueblo no se viese sumergido en amargo llanto como terminantemente lo ha hecho presente a S.A. el referido Governador. Penetrado el Consejo de Regencia del importante servicio que contraxo el mencionado Filomeno a quien recientemente dispuso se le diesen con este motivo las mas expresivas gracias en su Real nombre deseando al presente no quede privado del justo premio a que se ha hecho tan acreedor, me manda lo recomiende a la camara, como lo de su Real Orden afin de que en tiempo oportuno lo tenga presente para los adelantamientos en su carrera.

Dios guarde &c. Cadiz 11 de Marzo de 1811.

XVI
MINUTA
Al Sr. Secretario del Despacho de la Guerra.

Atendiendo el Consejo de Regencia al merito que contrajo el teniente Rey de la Havana Don Manuel Artazo comisionado por aquel Governador para la averiguacion y aprehension de los autores que intentaron trastornar la publica tranquilidad de aquel vecindario en la noche del 4 de octubre del año ultimo, al mismo tiempo que dispuso recientemente se le diesen las mas expresivas gracias en su Real nombre por tan señalado servicio, ha resuelto ahora lo recomiende al ministerio del cargo de V.E. para los adelantamientos en su carrera. Lo que de su Real Orden executo, y comunico a V.E. para su inteligencia y cumplimiento.

Dios &c. Cadiz 11 de Marzo de 1811.

XVII. Ministerio de guerra
De orden del consejo de Regencia remito a V.S. para el uso conveniente la adjunta instancia y oficio con que la remiten los secretarios de cortes en la que solicita el Capitan de Caravineros del Regimiento de Cavalleria de la Havana don Luis Francisco Bassave, que se halla preso en el Castillo de Santa Catalina, que se le habra la comunicacion para indemnizarse.
Dios guarda a V.E. muchos años. Cadiz 5 de Marzo de 1811.

José de Heredia

XVIII
Señor Encargado de la Secretaria de Estado y del Despacho de Gracia y Justicia,
Excelentisimo Señor
Las Cortes generales y extraordinarias han resuelto se pase al Consejo de Regencia para el uso que estime conveniente, la adjunta instancia del Capitan de Carabineros en el Regimiento de Caballeria de la plaza de la Habana don Luis Francisco Bassave, arrestado en el Castillo de Santa Catalina de esta ciudad en solicitud de que se le abra la comunicacion para indemnizarse. Lo que comunicamos a V.E. de orden de las mismas cortes para inteligencia del Consejo de Regencia.
Dios guarde a V.E. muchos años. Cadiz 3 de Marzo de 1811.

Vicente Tomas Alvarez
Diputado Secretario (rúbrica)
Juan Polo y Catalina
Diputado Secretario (rúbrica)

XIX

Señor Secretario del despacho de la Guerra
Havana 16 de Octubre de 1810 [fol. 1.] El Governador, Capitan General de la Ysla de Cuba: Hace presente a V.A. que en la noche del 4 del citado mes se le dio aviso de que para el día 7 siguiente estaba proiectada una conspiracion contra el Govierno y los vecinos honrados del pueblo: En su virtud comisiono al momento al teniente de Rey y nombro por su Asesor en esta comision al Licenciado Don Francisco Filomeno; los quales han procedido con tal actividad en el descubrimiento de los autores que muchos de ellos se hallan presos, y se solicitan los restantes; que se evitó el concertado plan, que huviera sin duda acarreado funestas consequencias, y finalmente dice que luego que esté puesta en claro esta maquinacion, expiaran publicamente los culpados su atroz delito que tanto desea el pueblo, el que permanece en la maior tranquilidad y sumision.
A 11 de Enero de 1811.

Gracias i se espera continuar con el mismo zelo velando sobre la tranquilidad publica. fecho al Governador de la Havana a 18 de Enero de 1811. y se acompaña minuta.

XX

[fol. 1 v.] Havana 6 de Diciembre de 1810
El Gobernador Capitan General de la Ysla de Cuba: Remite en su Carta (n° 252) dos testimonios de los autos formados en aquella plaza con motivo de la conmocion intentada en ella, de la que dió cuenta a V.A. con fecha de 16 de Octubre del mismo año. Don Roman de la Luz, el capitan de Milicias de Caballeria don Luis Bassave, y varios negros son los que tramaron dicha conspiracion que por fortuna les fue frustrada. El teniente Rey don Manuel

Artazo, comicionado por el Governador para la averiguacion de los autores de tan atroz delito, y el abogado de los Reales Consejos don Francisco Filomeno Asesor en la referida causa han manifestado con su actividad y celo el justo renombre de patriotas de que en aquella Ysla estaban calificados. A sus acertadas disposiciones se deve el que aquel fidelisimo vecindario no esté el dia sumergido en amargo llanto: El Governador elogia sobremanera [fol. 2.] a estos leales servidores de V.A. y con particularidad a Filomeno, sugeto que reune a su grande instruccion una honradez sin limites; como lo tiene acreditado en los varios arduos negocios que se han confiado a su cuidado, por cuios motivos lo recomienda mui particularmente a V.A. para que se digne agraciarle con una plaza togada en aquella Audiencia territorial, o como sea de vuestro Real Agrado.

Nota
El Presidente Juez de Arrivadas de este puerto de Cadiz ha dado cuenta de haver llegado bajo partido de registro los arriba mencionados don Roman de la Luz, y el Capitan don Luis Bassave, los que havian sido trasladados al Castillo de Santa Catalina. Despacho a 18 de febrero de 1811.

XXI
Cadiz 10 de Febrero de 1811
Don Roman de la Luz, natural de la Havana, y detenido en el castillo de Santa Catalina de esta plaza hace presente; que a virtud de la causa que se le formó en la Havana por disposicion de aquel Governador se le ha complicado injustamente [fol. 2 v.] en haver contribuido a la conmocion intentada recientemente en la misma la qual ha sido remitida a V.A. y conducido a esta plaza bajo partida de registro el referido Luz, a quien se le ha encarcelado en el mencionado Castillo.

Pide en primer lugar, que el proceso criminal formado contra el exponente pase inmediatamente al tribunal de Justicia, que V.A. designe para que dandose vista al Fiscal que fuera del tribunal proponga su acusacion, como corresponde hacerse en estas causas, entregandose en seguida el proceso mismo al don Roman, o a quien su derecho represente para que pueda promover sus defensas y acreditar su inocencia en lo que se le atribuie.

Segundo: Que ante todas cosas, y sin perjuicio del curso que sede al proceso se digne V.A. proveer desde luego en su favor la relaxacion de la carcelaria que sufre en Santa Catalina a la misma ciudad y arrabales, para lo qual en caso necesario está pronto a dar fianza [fol. 3.] carcelera a satisfaccion de V.A. o del Tribunal que se le designe, no solo para que pueda atender a recobrar su quebrantada salud, sino tambien para promover su indemnizacion.

XXII

Cadiz 27 de Febrero de 1811 Don Luis Francisco Bassave Capitan de Dragones arrestado igualmente en el mismo Castillo de Santa Catalina, y complicado en la causa que queda anteriormente manifestada, hace presente; Que hallandose en igual caso que don Roman de la Luz, este se halla en comunicacion de la que carece el Exponente, y siendo de avanzada edad con muchos achaques; Pide a V.A. se digne mandar expedir la conveniente orden al Governador de esta plaza para que le ponga en la misma comunicación que disfruta Luz, para atender al alivio de sus dolencias y ponerse a cubierto de la infamia que han intentado irrogar en su persona.

XXIII

Cadiz 5 de Marzo de 1811
Remitanse los dos testimonios de la causa, y los recursos de Don Luis Francisco Bassave al Consejo de Yndias, para que determine lo que estime correspondiente. Recomiendese a la camara el merito contraido en esta causa por el Asesor don Francisco Filomeno y demas que expresa el Governador Capitan General de la Ysla de Cuba con fecha de 16 de diciembre para que lo tenga presente en tiempo oportuno. Y pasese oficio a Guerra manifestando quanto el mismo Capitan general hace presente acerca del merito del Teniente de Rey don MANUEL DE ARTAZO. (rúbrica)

Fecho en la remisión de los autos al Decano del Consejo de Yndias a 10 de Marzo de 1811. Se recomienda a la Camara con fecha de 11: al teniente Rey a Guerra con la misma fecha de 11, y se insertaron estas dos ultimas a Someruelos con la misma fecha de 11 de Marzo de 1811.

XXIV

[fol. 1.] El Consejo de Yndias a 15 de Junio de 1816

Formada causa el año de 1810 a Don Joaquin Ynfante y otros vecinos de la Habana sobre sublevacion intentada, se fugó aquel a los Estados Unidos y de allí a Caracas donde obtuvo empleo por los insurgentes y se condujo del modo mas inhumano. Y preso despues en Puerto Cavello quando aquella plaza se rindió a las tropas de V.M. se le formo causa en la Audiencia de Caracas sobre su conducta política, remitiendole despues a la Habana con el proceso. El promotor fiscal del juzgado de 1a. instancia dijo que habiendo sido comprendido el Don Joaquin Ynfante en la Capitulacion de Caracas no podia procederse contra el por sus hechos en las provincias de Venezuela; y que asi por esto, como por que en la causa de sublevacion de la Habana no resultara cargo contra el, era de parecer se sobreseyese en todo y pusiese en libertad al acusado.

El juez de 1a. instancia se conformo con este dictamen; pero consulto su auto con la Audiencia del distrito.

Esta, luego que recibio los autos los pasó al Fiscal, quien extrañado que no se hubiese hecho cargo alguno a Ynfante en el punto de masoneria, pido se le volviese a reducir a prisión, y ampliase el sumario en esta parte.

La Audencia dio traslado a Ynfante; suplico el fiscal de esta provincia; y habiendo insistido en ella la Audiencia volvio a suplicar el fiscal. Se le admitio la suplica; la mejoro insistiendo en la prisión de Ynfante y ampliacion del Sumario; pero la Audiencia confirmo su auto de traslado; y entonces pidio el fiscal testimonio de los autos para usar de los recursos convenientes.

Con este testimonio acudió a V.M. quejandose de los procedimientos de la Audiencia; y remitida esta queja a consulta del Consejo, la mando pasar al Fiscal de V.M.; el cual expuso, que la Audiencia habia procedido en aquel tiempo con arreglo a los preceptos de las llamadas Cortes y no debia desaprobarse su providencia de traslado pero que en su concepto convendria comunicar la orden para el nuevo arresto de Ynfante y substanciar y determinar la causa en el punto de fracmasonismo.

Y el consejo conviene en que no hubo defecto de parte de la Audiencia por las razones que expone el fiscal de V.M. y que podra comunicar la orden para que proceda en el asunto, sustanciando y determinando la causa con arreglo a Derecho y a las ordenes que rigen en la materia, como parece y asi lo he mandado.

Señalada en 27 de Junio de 1816 y remitida al Consejo para su excecucion segun manifesto el señor Mayor.

Nota
Se comunico la orden por el Ministerio en 30 de Junio de 1816.

XXV
El año de 1810 se formo causa en la Habana a don Joaquin Ynfante, Don Luis Basabe, Don Roman de la Luz y otros, sobre intentada sublevacion y fracmasoneria.

Ynfante que tubo noticias de que hiba a ser preso, como lo fueron los demás, se fugó a los Estados Vnidos, de America, y de alli pasó a Caracas, donde concurrio a la revolucion y establecida la independencia obtubo el empleo de Auditor de Guerra de Puerto Cabello, en cuyo destino manifestó tan sanguinarias ideas en sus dictamenes y sentencias que llegó a adquirir el nombre de Segundo Robespierre, aun entre sus insurgentes. Fué aprendido despues en la rendicion de la plaza de Puerto Cavello, y se le formo causa sobre sus operaciones y conducta política, y tambien por un proyecto de constitucion que había dado a luz en Puerto Cavello, para el Gobierno e independencia de la Ysla de Cuba.

Pasada la causa al Fiscal de la Audiencia de Caracas, pidió este que agregandose a ella los titulos y grados de la Secta Masonica aprendidos a Ynfante, y el indicado proyecto de constitución se remitiese todo con el reo a la Habana para que alli se continuase el procedimiento.

Se verifico la remesa del reo y causa a la Habana, pero sin los papales de Masonería.

El Juez de la 1a Instancia le recibió declaracion y confesion con presencia de la otra causa de conspiracion de Basabe, Luz y consortes, sin hacerle cargo alguno sobre Masonerias. Y dada vista al Promotor Fiscal contextó que debia prescindirse de la conducta de Ynfante en las provincias de Venezuela, por que si en ellas cometió delito habia quedado remitido por la capitulacion y por los decretos de las cortes. Con respecto al proyecto de Constitucion dijo, que las opiniones no podían castigarse mientras no hubiese otros actos positivos de perturvacion del orden publico: Y que en quanto a la causa de conspiracion de la Habana no habia contra el mas que la deposicion de un testigo, el cual resulto perxuro en el progreso del proceso; ademas de que Basabe, Luz y consortes estaban declarados comprendidos en los indultos de las Cortes. Por todo lo cual creia deberse sobreseer en la causa, y poner en libertad a Ynfante.

El Juez de 1a Instancia se conformo con este dictamen; pero consultó su providencia, con la Audiencia del distrito.

El Fiscal de la Audiencia a quien paso la causa expuso, que al paso que no se detendria a examinar la conducta criminal de Ynfante en Caracas, ni su complicidad en la conspiracion de la Habana, no podía menos de declamar contra la indiferencia con que se habia mirado su calidad de Fracmason sin embargo de hallarse justificada en el proceso; y pidio se volviese la causa al juez de 1a instancia para la ampliacion del sumario en esta parte.

Mas como la Audiencia dio traslado al reo de lo pedido por el fiscal, suplicó y este; de que también se confirio traslado; y habiendo vuelto a suplicar el Fiscal, se le admitio y mojoró la suplica insistiendo en su anterior dictamen; pero la Audiencia confirmo su auto de traslado, y el Fiscal pidio testimonio integro de los autos; con el que acudio a V.M. quejandose de la Audiencia por no haber accedido a sus reclamaciones, y pidiendo se llebasen a efecto las reales disposiciones dictadas para la extincion de la perniciosa secta de los Fracmasones.

Remitida esta queja del Fiscal a consulta del Consejo de Yndias con Real orden de 9 de noviembre de 1814, la paso este tribunal al Fiscal de V.M. el cual expuso en su vista, que aun que no podia dejar de elogiar el zelo del Fiscal de la Audiencia Don Anacleto de las Casas en la pretension que introdujo, no adbertia exceso en el auto de traslado al procesado por que la Audiencia procedio entonces con arreglo de la ley llamada de Tribunales dada por las Cortes; y concluyo diciendo, que siendo sumamente arriesgada la clase de unos hombres como Ynfante en los Dominios de V.M. podría acordar el Consejo, sin desaprobar el procedimiento de la Audiencia, que ésta misma dispusiese el nuevo arresto de Ynfante, y substanciase y determinase la causa en el punto de fracmasonismo.

Y el consejo con conocimiento de todo és de dictamen de que en cuanto a la queja del Fiscal de la Audiencia no hubo defecto de parte de aquel tribunal; y que por lo que resulta contra la conducta de don Joaquin Ynfante se encargue a laAudiencia que procedaen el auto, sustanciando y determinando la causa con arreglo a derecho y a las ordenes que rigen en la materia.

Documentos del Archivo Nacional de Cuba

I

Documentos que se refieren a la Correspondencia del capitán general al Intendente de Hacienda, fecha Habana 19 de Diciembre de 1810, ordenando pasar a España bajo partida de registro a los individuos de color Juan José González, Ramón Espinosa, Juan Ignacio González, Buenaventura Cervantes, Carlos de Flores y Laureano Infante.

Debiendo pasar a España Juan José González, Ramón Espinosa, Juan Ignacio González, Buenaventura Cervantes, Carlos de Flores y Laureano Infante, individuos de color bajo partida de registro y a disposision del Excelentisimo Señor Secretario de Estado y del Despacho de Gracia y Justicia, lo aviso a V.S. para que en su inteligencia se sirva disponer se les proporcione buque con destino a Cádiz, mandándose uno o dos en cada embarcacion según la proporcion de Ma.-Dios guíe a V.S. m.a. Habana 19 de Diciembre de 1810.

El Marques de Someruelos
Señor Don Juan de Aguilar

• • •

D. Habana 6 de Febrero de 1811.
Respecto a que Juan Ignacio González y Buenaventura Cervantes comprendidos en este oficio se transporten a Cádiz en partida de registro en la Fragata Oliva; pase a la contaduría principal del Ejército para que se libre a su Capitán Don Francisco López Sanz, el importe correspondiente y al piso y raciones, y avisase al Gobierno recibido que sea el testimonio de la partida.

Aguilar

Juan José González.– Ramón Espinosa.– Juan Ignacio González y Buenaventura Cervantes en la Fragata Oliva: se paso al Gobierno el testimonio de su partida.– Carlos de Flores.– Laureano Infante.

. . .
Don Francisco López Sanz Capitán de la Fragata Oliva, que se prepara a dar vela para Cádiz, ha convenido a transportar a Juan Ignacio González y Buenaventura Cervantes individuos de color que deben remitirse en partida de registro a disposición del Exelentisimo Señor Secretario de Estado y del Despacho de Gracia y Justicia, según se sirve V.S. prevenirme en oficio de 2o. del próximo pasado. También será lleno el embarque de Hilario Rodríguez soldado licenciado del Regimiento de Cuba que debe pasar al mismo puerto en conformidad de los que me ordena V.S. en papel de 4 del corriente: lo que aviso a V.S. para que se sirva dictar las providencias correspondientes al interesado.

Dios guíe a V.S. m.a.– Habana 15 de Enero de 1811.

Señor Don Juan de Aguilar
Domingo Gui

II
Documentos que se refieren a la correspondencia del capitan general al gobernador de Santiago de Cuba, fecha Habana 29 de Octubre de 1811, ordenando investigar el rumor sobre que los esclavos estaban declarados libres.

Me he enterado del oficio de V.S. de 26 del anterior N. 391 y de las diligencias que en testimonio acompaña practicadas por el Teniente Gobernador de Holguín para averiguar el origen que tuvo la voz esparcida alli de que los esclavos estaban declarados por libres; y en contestación digo a V.S. que me parece bien la gue dio al mismo Teniente Gobernador sobre lo gue le escribio en el asunto, en rason de lo gue debia practicarse por entonces o en adelante segun las circunstancias.

Dios gue a V.S. Ma. As. Habana 29 de Octubre de 1811.

El Marques de Someruelos
Soñ. Gobernador de Cuba

III

Documento que se refiere a la correspondencia reservada del jefe politico interino al Gobernador de Santiago de Cuba, fecha Puerto Príncipe 23 de Febrero de 1812, sobre el levantamiento de negros y la participación principal que tuvo el negro Hilario Herrera, alias el Inglés.

Reservado
Cuba 28 de Febrero de 1812. Pase al Sor. Ams. pa. q. inmediatamente. dicte las provis. convenientes. (firma destruida)
De la conspiracion tramada por los negros esclavos de este Jurisdn. de mi mando, y felizmente descubierta en tpo. oportuno, he conseguido la aprehencion de casi todos los principales reos o cabecillas se ha executado en estos, el castigo que merecian sus horrorosos proyectos, que ha sido el del ultimo supicio, cortandoles las cabezas y fixandolas en los parages de sus residencias para el justo escarmiento de los demas: otros en numero crecido han sido desterrados con sus respectivas condenas A Sn. Agustin de la Florida;– y actualmente. se continua entendiendo en el progreso de los innumerables expedientes formados a la completa averiguacion de este atentado y quantos complices resulten.

Hilario Herrera, alias el Inglés, cuya filacion acompaño a V.S. es el primer movil de tan sanguinario lebantam.to quien presumo debe estar en esa, y conviniendo tanto como V.S. puede considerar la pronta captura de semejante negro, espero merecer de V.S. se sirva dictar las providencias que tenga a bien, para que consigamos esta pral. cabeza, y su conducion a esta villa con la correspon.te seguridad a reserva de librar la requisitoria con arreglo al merito del expediente.

Con esta misma fecha oficio a los demás Señores Governadores hasta Baracoa para el propio fin.
Dios gue. A.V.S. M.A.

Pto. del Pre. 23. de Febrero de 1812.
Fran.co Sedano
D.n Pedro Suarez de Orbina

IV
Documento que se refiere a la correspondencia del gobernador al gobernador interino de Santo Domingo, fecha Santiago de Cuba 29 de Febrero de 1812, adjuntándole la del Teniente de Gobernador de Puerto Príncipe interesando la prisión del negro Hilario de Herrera.

Cuba 29 de Feb.o de 1812
Al Governador politico interino de Santo Domingo.
Por la adjunta copia del oficio que acabo de recibir y me ha dirigido el S.or Teniente en Gov.or de la Villa de Puerto del Principe se instruirá V.S. de la importancia que sería a la tranquilidad de esta Isla y por el bien del Estado la aprehensión y remision a ella del negro Hilario Herrera Q. seg.n parese ha sido el autor del horroroso catastrofe q.e hiva a sufrir la Isla de Cuba, y del Q.e felizmente se ha salvado. Como quiera q.e ministra la relacion que se me acompañó, es originario del pueblo de Azua, y adonde es verosimil q.e exista por la necesidad que el tubo de hacer uso de la Ad. Provision q. en otro papel se menciona, no dudo que el notorio zelo de V.S. y amor a la justicia, dictará las mas eficaces proid.s p.a la aprehension del Reo y p.a su remision a la Villa de Puerto de Príncipe, por la prim. via segura q.e se presente.
Dios guie V.S. e.

V

Documento que se refiere a la correspondencia del capitan general al Intendente de Hacienda fecha Habana 23 de Marzo de 1812 ordenando la prision en la Cabaña a trece negros del Ingenio de Peñas-Altas.

Acompaño a V.S. noticias de trece negros que se me han remitido hoy correspond.tes a lo ocurrido en el Ingenio de Peñas-Altas que he dispuesto se pongan en el Castillo de La Cabaña con los demas de su clase, a fin de que pueda V.S. disponer se les suministre alli el socorro respectivo. = Dios gue. a V.S. M.s A.s Havana 23 de 1812 = El Marq.s de Someruelos = Sor. Dn Juan de Aguilar = Havana 23 de Marzo de 1812 = Contestese; tomese razon por el Minist.o de Ynterv.no y pase a la Contad.a pral. de Exto. p.a que conste = = Aguilar. = = Noticia de los negros que se remiten presos hoy dia de la fha. a la ciudad a disposicion del Exmo. Sor. Capitan Gral. = ROQUE esclavo de don Juan de Santa Cruz = FELIX id. = DIEGO id. = anto. ALFONSO libre = ANGEL STA. CRUZ id. = GERALDO JAUREGUI contra Mayoral del mismo Jauregui es libre = JUAN STA. CRUZ libre = BERNABÉ AMADOR de don Nicolas Peñalver = TOMAS de id. = TADEO id. GABRIEL id. = JOAQUIN id. = Total trece.

Guanabacoa 23 de Marzo de 1812.

Ugarte. Es copia
Juan Ant.o Lopez. Es copia

VI

Prim.o incidente de los autos sobre la averiguacion de los cómplices en la conspiracion de los negros y comprende todo lo obrado para inquirir si los negros depositados en Casa Blanca estaban comprendidos en aquella.

San Carlos de la Cabaña y Marzo 24 de 1812 Mediante el [...] Resulta [...] reo que [...] [...] [...] gros José Antonio Aponte y Clemente [...] con se comiciona al don D.r Rafael Rodríguez para que pase inmediatamente al destino de Casa Blanca a [...] los negros [...] les que en el existan por estos preguntar que tenga por conveniente con arreglo a las instrucciones que ha tomado en el asunto.

Rendon

Ante mí
Vicente de la Huerta

Gil Narciso

Con veinte y cuatro de marzo de mil ochocientos doce en virtud de la comision que le fue conferida por el auto que antecede el D.on D.r Rafael Rodríguez aso [...] ado de mi el presente Exmo. pa [...] Casa Blanca a efecto de inquirir lo que fuera conveniente a la presente inquisicion de alg.s sugetos existentes en ella en cuio estado se hizo comparecer al moreno Gil Narciso de nacion criollo de S.to Domingo de condicion libre estado casado ejercicio ninguno por ser Brigadier de las tropas el moreno Juan Fran.co en la propia Ysla de S.to Domingo de quien de cuio juramenteo que hizo por Dios y la cruz segun dro bajo del qual ofrecio decir verdad y en su virtud se le hicieron las preguntas siguientes: Preguntado con que motivo ha venido a este Puerto dijo: que en razon de habersele comunicado R.l Orden expedida en Cadiz por medio del Cap.n Gen.l de Goatemala en donde se prevenia q. podian pasar a dha. Ysla de S. Domingo todos los negros que havian servido a la España de donde provino que el declarante fuese uno de los q. quisiesen hacerlo embarcandose al efecto en buque español al mando de D.n Jose Gutierrez adbirtiendosele que habian de tocar en este puerto porque era el del destino de aquel buque, y que de aqui se conduciria en otro a la referida Ysla y respondo Preguntado, si para el desempleo de su empleo ha tenido y tiene alg.n secretario, y como se nombra dijo: que para que le escribiera los asuntos que... ieran ha tenido en clase de secretario aun negro nombrado Ysidro Priton, que es uno de los q. le acompañan en este destino y resp.e Preguntado, sino ha tenido otro alg.o en caso de secretario, o encargado p.a desempeñarlo alg.s negocios dijo: que quando se hallaba en dha. Ysla Española tuvo barios que le escrivian en los asuntos que le ocurrian de su servicio pero no recuerda los nombres y res.pe.

Preguntado si conoce al negro nombrado Juan Barbier de nacion congo que ha sido vecino de Charleston, y si este le ha servido alguna vez de algo dijo: que ni lo conoce, ni ha necesitado jamas de su servicio por que mientras estuvo en la Ysla Española de S.to Domingo al mando de Juan Fran.co aliado con las tropas Españolas en cuanto le ocurria se balia, o de mulatos, o de los hombres blancos y jamas de negros, y desp.s que fue conducido a Goatemala se ha valido del que deja expuesto y resp.e Preguntado si a su llegada a este puerto o antes no ha tratado al expuesto Juan Barbier que tam.n se nombra Juan Francisco dijo: que despues de hallarse en el destino donde existe han ocurrido a el barias personas de color asi mulatos como negros, y lo han saludado interrogandole, algunos a caso por mera curiosidad de donde venia y a donde se dirigia, pero ignora si alg.o de ellos es el negro Juan Barbier sobre q. se le interroga porque como tiene dicho no lo conoce y resp.e Preguntado si esos negros y mulatos que lo han tratado en este destino han tenido alg.s conversaciones con el declarante fuera de lo que deja expuesto y sobre q. particulares ha sido dijo: que ning.a otra cosa han tratado, y conversado con el a excepcion de que uno, ú otro le ha preguntado, que con que motivo no se quedaba el y sus compañeros aqui contestandole el exponente q. no le acomodaba mas q. regresarse a S.to Domingo, y responde: Preguntado si estos, que lo han visitado han llebado, o llevan amistad con el dijo: que jamas los habia visto ni tratado, y que desde luego ocurririan por la noticia que tendrian de haber llegado a esta Casa Blanca así, el como sus compañeros, y responde que lo que ha declarado es la verdad en cargo de su Juram.to que es de Edad de mas de cincuenta años y firmó con el abogado comisionado de que doy fe.

    D.on Rodríguez
    Gil Narcizo

    Ante mí
    Vicente de la Huerta

Juan Luis Santillan
Incontinenti, y al propio intento ante el mismo abogado comisionado comparecio Juan Luis Santillan natural de la Ysla española de S.to Domingo de estado casado ejercicio ning.o por ser cap.n de artilleria de las tropas de Juan Franc.o de a.n recivi juramento que hizo por Dios y la cruz seg.n dro. bajo el qual ofrecio decir verdad, y en su virtud se le hicieron las preguntas siguientes.

Preguntado conq. motivo ha venido a este puerto dijo que con el de haberse comunicado orden en el Reino de Guatemala donde existía para que todos los emigrados de Dha. Ysla se regresasen a su destino, y con el de que era el de esta ciudad el del buque embarcó p.a pasar a dha. Ysla española en virtud de aquella orden, y resp.e Preguntado si siempre he permanecido asociado al negro Gil Narciso que tenia en dhas. tropas el empleo de Brigadier dijo: que si porq.e vinieron en un proprio buque de Vallaja a este puerto, quando lo hizo tambien Juan Fran.co y que de aqui paso con Gil Narciso al Reino de Goatemala adonde se le destinó y resp.e Preg.do si ha conocido los secretarios o sirvientes, que ha tenido Gil Narciso tanto quando estuvo en Vallaja, como despues de haber pasado al Reino de Goatemala dijo que no le ha conocido alguno; y aun en el destino en donde se halla se han servido los unos a los otros sin balerse de dha. persona cuando les ha ocurrido pedir alg.a cosa que les ha hecho falta y resp.e Preguntado si conoce al negro Juan Barbier vecino q. ha sido de Charleston que tam.n se nombra Juan Francisco, y si save q. este habia servido a Gil Narciso en clase de secretario o en alg.a otra atencion, dijo: que ni lo conoce ni puede saver por lo mismo lo que se le interroga y resp.e Preguntado si al destino donde se halla con sus compañeros han venido a visitarlos, y tratarlos alg.s personas dijo: que han ocurrido barias de color asi negros como mulatos, p.o no con el objeto de hacerles visita porq. no los conocen ni los han tratado jamas pareciendole q. ha sido mas bien por mera curiosidad y responde.

Preguntado: que conversaciones han tenido con el declarante y sus compañeros esos que ha ocurrido a verlos, o a visitarlos por curiosidad dijo: que solam.te de vrindarseles, y ofrecerseles sin haber pasado a otro alg.n asunto y resp.e Preguntado si save el nombre de alg.s de los que han ocurrido a éste destino a verlos dijo q. lo ignora enteram.te y mucho mas no haviendolos tratado alg.a otra ocasión ni haviendolos tratado alg.a otra ocasión ni ha haviendo estado el declarante jamas en la ciudad de la Hava.a y resp.e que lo q. ha declarado es la verdad en cargo de su juram.to q. es de Edad cuarenta, y cinco años firmo con el Ab.do doy fe.

Ante mí

D.on Rodríguez
Juan Luis Santillan

Vicente de la Huerta

José Fantacia Gastón
En el mismo acto se hizo comparecer a Jose Fantasia Gaston natural de Vallaja de estado casado sin ejercicio por [...] a cap.n de Granaderos de una de las compañias que al mando de Juan Fran.co estaba naliadas con las tropas Españolas en la Ysla de S.to Domingo de q.n recivi juram.to que hizo por Dios y la cruz seg.n dro, ofrecio decir verdad y en su consecuencia se le hicieron las preguntas siguientes Preguntado con que motivo ha venido a este puerto dijo que con el haverse comunicado orden en el Reino de Granada donde existia p.a que los emigrados de la Ysla de S.to Domingo se retornasen a ella con el fin de poblarla dandoseles todos los ausilios q. necesitasen p.a el efecto, y resp.e Preguntado si siempre ha permanecido asociado al negro Gil Narciso que servia de Brig.r bajo las ordenes del mismo Juan Fran.co dijo que si como q. vinieron juntos a este Puerto quando lo hizo Juan Fran.co y de aqui se dirigieron en los mismos terminos al reino de Granada donde fueron destinados y resp.e Preg.do si ha conocido los secretarios o dependientes o sirvientes q. ha tenido Gil Narciso tanto quando estubo en Ballaja como desp.s de haber pasado al Reino de Guatemala dijo que nunca le ha conocido secret.o ni dependiente alg.o quando ha necesitado de escribir alg.a cosa se han servido los unos a los otros y resp.e Preguntado si conoce al negro Juan Barbier vecino de Charleston que tambien se nombra Juan Francisco y si save que este haia tenido alg.a dependencia con Gil Narciso: dijo que no lo conoce ni save q. haia tenido dependencia alg.a de aquel: bien que en el tiempo q. permanece en este destino han ocurrido barios negros y mulatos parece que a ver al declarante, y sus compañeros por mera curiosidad y resp.e Preguntado que conversaciones han tenido con el declarante y sus compañeros esos negros y mulatos q. los visitaban dijo: que les manifestaban que en razon de ser de color como ellos venian a verlos al paso q. se les ofrecian, y alg.s en barias ocasion.s preguntaban si era cierto que entre el declarante, y sus compañeros havia un Brigadier pidiendo q. les manifestasen el uniforme para verlo por curiosidad, y aunque lo hicieron algunas veces por ultima ya lo resistian por lo que les mortificaba y resp.e Preg.do, si save como se nombraban los negros, y mulatos que han ocurrido a verlos a este destino, y con expecialidad los que querian se les manifestasen el uniforme del Brigadier

dijo que lo ignora porque ni entonces procuro imponerse, ni antes los habia visto, ni trabajado jamas, y resp.e Preguntado si el declarante, y el Brig.r y los demas conserban sus uniformes, y en donde existen dijo: que los tienen en su poder en este mismo destino y responde q. lo q. ha declarado es la verdad en cargo de su juram.to que es de Edad de cuarenta años poco menos y firmó con el abog.do de que doy fe

D.on Rodríguez
José Fantasia Gaston

Ante mí
Vicente de la Huerta

Isidro Plutton

En el mismo acto se hizo comparecer al moreno Isidro Plutton natural de Vallaja de estado viudo de ejercicio el de servir al Rey en la clase de Teniente por haver obtenido este empleo en las Tropas q. al mando de Juan Fran.co estaban en Vallaja unidas a las españolas de q.n recivi juram.to que hizo por Dios y la cruz seg.n dro. ofrecio decir verdad, y en su consecuencia se le hicieron las preguntas siguientes.

Preguntado conq. motivo vino a este Puerto dijo: Que con el de haberse recivido orden en el Reino de Granada donde se hallaba para que se regresasen a la Ysla Española de S.to Domingo tanto el como sus compañeros con el fin de q. se estableciesen allí y resp.e Preguntado si siempre ha permanecido asociado al negro Gil Narciso q. servia en dhas. tropas el empleo de Brig.r dijo: que si como que llegaron a este puerto en un proprio Buque y de aqui pasaron al Reino de Granada en donde se les destino y resp.e Preguntado si ha conocido los secretarios, o dependientes q. ha tenido Gil Narciso tanto quanto estubo en Ballaja como despues de haber pasado para el Reino de Guatemala dijo: que no le ha conocido ni secretario ni dependiente, o sirviente alguno y q. en este destino cuando se ha ofrecido escrivir algo lo ha hecho el declarante y lo ha firmado aquel advirtiendo que lo q. se ha escrito ha sido p.a el Exmo... Presidente Gov.or y Cap.n Gen.l y resp.e Preguntado si conoce al negro Juan Barbier vecino que ha sido de Charleston q. tamb.n se nombra Juan Francisco, y si save que este haia tenido alg.s conexiones con Gil Narciso dijo que no lo conoce p.s aunque alg.s han venido a visitar al declarante y sus compañeros como lo han hecho barios mulatos no los conoce por sus nombres y resp.e Preguntado con que anteced.te o motivo han venido esos negros y mulatos a visitar al declarante y son compañeros dijo: que desde luego creerían q. entre los q. existen en este destino habria alg.n conocido de ellos y q. con este motivo ocurrian bien que desengañados de no haverlo no han buelto y resp.e Preguntado que conversaciones han tomado con el declarante, y con sus compañeros los q. han ocurrido a visitarlos seg.n deja expuesto dijo que han inquirido de ellos donde eran de donde venian, y a donde se dirigian con otras iguales preguntas y responde Preg.do si alg.s de los q. han venia visitar al declarante y sus compañeros han procurado imponerse de sus uniformes, y si se los han manifestado dijo q. a el no le consta porq. no lo ha presenciado y responde.

Preguntado si tiene uniforme y en donde lo conserba dijo que lo tiene en su poder pero que no esta completo, y responde que lo dicho es la verdad en cargo de su juram.to que es de Edad de treinta y cuatro años y firmó leida que le fue con el abogado comisionado doy fe

D.on Rodríguez
Isidro Plútton

Ante mí
Vicente de la Huerta

• • •
S.n Carlos de la Cabaña 25 de Marzo de 1812
Vistos: Para continuar en la averiguacion de la complicidad q.e en este procedimiento puedan tener los Negros oficiales q.e existen en el destino de Casa Blanca; continuese en las dilig.s q.e sean correspond.tes al caso por espediente depurado que correra con las declaracion.s de dhos. negros que preceden y teniendose presentes al efecto el merito q.e sea condusente de lo ablado en los autos principales, y cita que de el aparescan relativa a el animo inquiriendo en la comición el D.don Rafael Rodriguez.
Rendon Vicente de la Huerta

Estanislao Aguilar
En veinte y cinco de Marzo de mil ochocientos doce en virtud de lo prevenido en la Provid.a que antes se hizo comparecer al Pardo Etanislao Aguilar para que ebaquase la cita que se le hace por el negro Estevan en su declaracion que principia a buelta de foxas cincuenta y cuatro de los principales y al mismo tiempo por las demas preguntas q. se tengan por conveniente, y en virtud se le recivio juramento en presencia del D.don Rafael Rodrig.z que hizo por Dios y la cruz bajo del qual ofrecio decir verdad y preguntado en su virtud por el tenor de dha. cita dijo que es cierto que el negro Juan Fran.co ag.n asocio el declarante desde el pasaje que llaman tarraco en la villa de Guanabacoa por haber llegado alli convidado por Juan Lisundia expresó en el Ing.o que titulan de Peñalver a presencia del declarante, que su General estaba en la Casa Blanca, y que tambien expresó que si iba a su tierra lo aorcaban, y responde que lo que ha declarado es la verdad en cargo de su juram.to que es de Edad de veinte y tres años y firmó con el Abogado comisionado doy fe = Em.do providencia vale

D.on Rodríguez
Estanislao Aguilar

Ante mí
Vicente de la Huerta

Juan Barbier
Seguidamente se hiso comparecer al negro Juan Fran.co del estado condición y edad q. tiene dho. en causa anterior declaracion.s de quien se recibio juramento q. hiso en la forma dispuesta p.r dro, bajo del qual ofreció decir verdad y examinado p.r el tenor de la cita q.e se le hace por el negro Estevan Peñalver en la declaración q.e evacuó en los principales a buelta de foxas sinquenta y quatro dip,. que es falso todo lo q.e se ha expuesto p.r Estevan con relacion a q. tenia Gen.l suyo en la Havana, y a que su Gen.l estaban en la Casa Blanca, advirtiendo q.e su verdadero nombre es Juan Barbier, y q.e Juan Lisundia le propuso q.e lo llamarian Juan Fran.co y expreso q. el tenia su verdadero nombre y no queria lo llamasen asi.

Examinado igualmente p.r el tenor de la cita q. le hace Estanislao Aguilar en la declaracion q. precede dijo: que igualmente es falso pues no expreso a presencia de aquel que tenia su Gen.l en la Casa Blanca y responde.

Examinado tambien por el tenor de la otra cita q. se le hace p.r José Ant.o Aponte en el careo q. con fha. de octubre y quatro del corriente evacuó con Clemente Chacon y se haya en la segunda pieza de los autos principales dijo: que igualmente es falso el q.e hubiese ocurrido a Casa Blanca con Clemente Chacon a solicitar licencia del Brigadier p.a ir al campo y responde q.e lo dho. es la verdad bajo del juramento fho. se le leyo y expreso estar conforme no firmó p.r q.e dijo no saver hisolo el abogado com.do doy fe.

Ante mí
Vicente de la Huerta

Careo de Estevan Peñalver y Juan Barbier
D.on Rodríguez Incontinenti si hizo comparecer tenor el Abogado comisionado [...] reno Estevan Peñalver de la naturalidad estado y condicion q. tiene dicho en sus anteriores declaraciones a efecto de carearlo con el moreno Juan Barbier conocido por Juan Fran.co de quienes recivi juramento que hizieran por Dios y la cruz segun dho. bajo del qual ofrecieron decir verdad, y en su virtud se les leyeron las declaracion.s ebacuadas por el primero a s.ta de foxas cincuenta y cuatro de los autos principales, y por el segundo en este expediente a efecto de conciliar la implicacia q. entre ambos resulta, se sostubo por Estevan y era cierto cuanto habia declarado en la primera respuesta de su dicha declaracion con relacion a Juan Barbier, o Juan Fran. co haciendole cargo. de que el y Juan Lisundia eran la causa de los trabajos en que ahora se vehia no era regular, que quisiese negarse a manifestar la verdad de los hechos, y ocurrencias; pero sin embargo de esto, y de las reconvencion.s a. se han hecho a Juan Barbier sobre la obligacion en que se halla de decir verdad pues asi lo ha ofrecido de juramento ha sostenido que es falso el que huviese manifestado, que tenía un Gen.l en la Havana y que el suyo se hallaba en la casa blanca advirtiendo, que eso lo conversaria Juan Lisundia pero no el con lo qual, y no poder adelantarse cosa alg.a se concluio el acto q. firmó el abogado comisionado por no saver los antedichos se los leió y dexeron estaba conforme doy fe.

D.on Rodríguez
Ante mí Vicente de la Huerta

Careo de Estanislao Aguilar y Juan Barbier
En acto seguido comparecio Etanislao Aguilar ante el abogado comisionado para carearlo con Juan Barbier en la implicancia que se advierte en las declaraciones que se acaban de abacuar para lo qual se les leieron ambas previo el juramento q. hicieron por Dios y la Cruz segun dro. ofrecieron decir verdad y efectuado por mi el presente esno. de la de Etanislao Aguilar y Juan Barbier como queda expuesto aunque a los principios se mantubo negativo este por ultimo a las reconvenciones que le hacia Aguilar manifestó, que lo que el habia dicho era que tenia un Gen.1 en la Havana y que este era el padre de Juan Lisundia, y que este mismo Juan Lisundia no queria que se dijese que estaba en la Havana por lo cual se expresaba que estaba en la Casa Blanca pero Aguilar sostiene que lo que Barbier expresó fue que su Gen.1 estaba en Casa Blanca y no en la Havana con lo que se concluio el acto que firmó el Abog.

do Comisionado leida q. les fue y no firmaron por expresar no saver doy fe.

    D.on Rodríguez
    Ante mí
    Vicente de la Huerta

Juan Bautista Lizundia
En el mismo dia comparecio ante D.don Rafael Rodriguez. Juan Bautista Lisundia, p.a ebaquar la cita que en la anteced.te declaracion le hace Juan Barbier conocido por Juan Fran.co de quien recivio jutam.to que hizo por Dios y la cruz segun dro. bajo del qual ofrecio decir verdad y examinado al tenor de aquella dijo: que es falsa en todas sus partes pues el ni ha savido de generales, ni los conoce y responde: Examinado igualm.te por el tenor de la otra cita que le resalta en la primera respuesta de la declaracion del negro Estevan Penalver, que principa a b.ta de foxas cincuenta, y cuatro de los años principales dijo: que lo que le oió a Juan Barbier, o Juan Fran.co el Ing.o que titulan de Peñalver cuando reunio la gente de el fue que su general estaba en la Casa Blanca y que tenía gente en Matanzas y responde que esta es la verdad en cargo de su juram.to que naturalidad edad y demas circunstancias consta en las q. tiene ministrado y firmó el abogado comisionado leido q. le fue de que doy fe. Test.do cinc.ta y cuatro = no vale.

Ante mí

D.on Rodríguez
Vicente de la Huerta

Clemente Chacon
En el mismo acto se hizo comparecer ante el abogado comisionado a Clemente Chacon de q.n recivi juram.to que hizo por Dios y la cruz seg.n dro. bajo del cual ofrecio decir verdad y examinado por el tenor de la cita que le hace Juan Barbier conocido por Juan Franc.co en la diligencia de careo que antecede, dijo: que es falsa la cita que se le hace en cuanto expresa q. el declarante fue quien le advirtio que en la Casa Blanca havia un general pues lo q. ocurrio fue q. el referido Juan Barbier se le presentó en su casa con José Ant.o Aponte manifestandole q. era un Almirante en Guarico presentandole aun mismo tiempo unos papeles, y diciendole que los negros q. estaban en Casa Blanca eran de su gente, y que el venia a conquistar esta tierra p.a la gente de color como lo havian hecho ya en otras muchas, y que igualm.te le expresó el mismo Barbier que aquellos de Casa Blanca havian venido primero para ver como los recivian y que luego vino el en una fragata disfrazado entrage de grumete y responde que esta es la verdad en cargo de su juram.to q. su naturalidad, edad y damas lo tiene manifestado, y firmo leida q. le fue con el abogado comisionado doy fe test. do y despues = no vale.

    D.on Rodríguez
    Clemente Chacon

    Ante mí
    Vic.te de la Huerta

Careo de Juan Barbier con Clemente Chacon
En acto consecutivo se hizo comparecer a Juan Barbier p.a carearlo con Clemente Chacon Aquienes ante el abogado comisionado se les recivio juram. to que hicieron (juram.to) en forma de dro. ofrecieron decir verdad (y examinados), digo y haviendoseles leido el careo tenido por este con Juan Baptista Lisandia y la declaracion que acaba de evacuar aquel que se advierta la implicancia que entre ellos se advierte insistio Chacon en cuanto ha dicho en su declaración con relación a Barbier sobre los negros de Casa Blanca, y este manifestó q. todo era falso pues los unicos generales q. havia eran el mismo Chacon y Jose Ant.o Aponte lo quel se niega por aquel constantemente sin q. se haya podido lograr que se concilien y responden que esta es la verdad en cargo de su juram.to que son de la edad, y demas circunstancias q. tienen dicho y firmo el que supo con el abogado comisionado leida que les fue doy fe.

    D.on Rafael Rodríguez
    Clemente Chacon

    Ante mí
    Vicente de la Huerta

Salvador Ternero
En veinte y seis de marzo de mil ochocientos doce años, ante el D.don Rafael Rodriguez estando en el castillo de S.n Carlos de la Cavaña se hizo comparecer al moreno Salvador Ternero de estado casado, Aserrador y vecino de extramuros de la Havana de q.n recivi juram.to que hizo por Dios y la cruz segun dro. bajo el qual ofrecio decir verdad, y examinado al tenor de las preguntas que se tuvieron por convenientes dijo lo sig.te.

Preguntado si conoce al negro Juan Barbier que se nombra Juan Fran.co y si save que conexion, o dependencia tenga de los negros oficiales que existen en la Casa Blanca dijo que ni lo conoce ni lo ha tratado siquiera y responde.

Preguntado si el conoce a dhos. negros oficiales de Casa Blanca si los ha tratado, y con que motivo, dijo: que efectivamente los conoce, y los ha visto con el motivo de haberse movido la curiosidad apas [...] a aquel destino por lo que corria de que habia llegado aquellos oficiales [...] tre ellos existia uno que le decian ser Brigadier. Que con este antecedente pasó a Casa Blanca asociado de un amigo suyo nombrado Luis Losa y averiguado, o procurando ver si era cierto que había tal Brigadier lo llamó una muger diciendo que era su marido. Que haviendosele presentado preguntandole que queria le expuso, que nada [...] sino verlo, que seguidam.te le pregun.te dhos, Brigadier que cosa seria buena para los ojos porque se hallaba enfermo de ellos, y el declarante le significó, que agua del pozo con ruda ofreciendole llebarsela como lo hizo a pocos días con un fracaso que dejo en su poder, y q. pasados algunos mas bolvio por el acompañado de otro amigo suio nombrado Gaietano Aguirre s:n que haia buelto, ni tratar a dhos. oficiales, y resp.e.

Preguntado en donde existen Luis Peñalosa y Caietano Aguirre dijo que el primero trabaja en un Ing.o de D.n Bonifacio Duarte, que consideran que por la semana santa presente puede haber ocurrido a la ciudad de la Hav.a y que viene a residir extramuros junto al puente q. titulan de Galeano en una favrica de la propriedad de D.n Ramon de Soto; y (que el seg.do) y que el segundo vive extramuros tambien en la calle, que llaman de la cañada mas adelante un poco del paraje que titulan el Sanjon y responde Preguntado si tuvo alg.s otras conversaciones con los negros oficiales de Casa Blanca y a que se redugeron estas dijo que ningunas mas tuvo con ellos advirtiendo que a José Ant.o Aponte le pregunto si esos oficiales tenian intervencion en lo que se estaba tramando relativo a la conspiracion y que este le contestó que no y responde que lo dho. es la verdad en cargo de su juram.to que es de la Edad que tiene manifesta no firmó porque dijo no saver lo hizo el abogado comisionado leida q. le fue doy fe.

D.on Rodríguez

Ante mí
Vicente de la Huerta

• • •

Castillo de la Cabaña y Marzo 25 de 1812

Agreguese a su respectivo quaderno en que entiende p.r D.or D.n Rafael Rodríguez
Rendon
Los negros q. estan depositados en Casa Blanca deben salir hoy p.a Sto. Domingo, pero respecto a q.e VS. me dicen en oficio de ayer que uno de los principales reos en la comision de q.e VS. entiende es uno de dhos. negros, este no deberá irse, y si expresarme VS. su nombre para q.e quede preso y se les siga causa: pues q.e tambien seria muy perjudicial el que se fuese.
Dios guarde a VS. muchos años

Habana 25 de Mzo. de 1812.
El Marques de Someruelos

Sor. don Juan Ign.o Rendon

VII
Castillo de San Cárlos de la Cavaña a veinte y quatro de Marzo de mil ochocientos doce. Des [...] del señor oidor honorario D.don Juan Rendón Juez comisionado en esta causa, pa. qe. con dos ministros de Justicia pasase extramuros de la Havana al Barrio del Pueblo Nuevo a la Casa de la morada

de José Antonio Aponte a fin de registrarla y extraer de ella los Mapas y Banderas de qe. abla su declaracion y no encontrando ministro qe. me acompañaran ocurrí al Exmo. señor Govr. y Cpn. Genl. qe. me proveyera los auxilios necesarios, quien me entregó la orden q. acompaño, y con ella pasé a la casa de la morada del Capn. de aquel Partido don Juan de Dios de Hita e instruído de ella me auxilió con tres hombres buenos y don Manuel Torres qe. se hayaba presente, pero encontrando la Casa cerrada se solicitó el paradero de su muger y se nos informó hayarse en la Havana qe. sus entenados tenian la Llave en cuya virtud ocurrimos a la de estos qe. nos acompañaron, y abriendo la puerta pral, executó el registro con vista de dhos. Capn. los testigos e interesados sin qe. la vecindad hubiera penetrado el fin de éste, como ni los testigos, mediante lo qual encontré en un Cajón al parecer de Pino con tapa corrediza un Libro con varios Planos y figuras qe. estaba oculto en un Baul de la ropa del antedho. Aponte dos varas de platilla, y, en otro de una mesa tres papeles qe. parecen ser copias de dhas. Cédulas, todo lo qe. he conducido al referido Castillo, y puse en manos del señor Juez Comisionado, y para qe. conste lo pongo Pr. diliga. de qe. doy fé Emdo. firma

Vicente de la Huerta

• • •

En el Castillo de la Cavaña, en veinte y quatro de Marzo de mil ochocientos doce años. El señor D.don Juan Ignacio Rendón oidor honorario y juez Comisionado dijo que habiendo resultado de una de las declaraciones del negro José Antonio Aponte recibidas en el expediente pral. del asunto. qe. en su Casa deben existir varios mapas y bandera, con alusión al Crimen qe. se inquiere, dispuso inmediatamente de orden verval qe. sin pérdida de instante pasase el Esno. RI. don Vicente de la Huerta auxiliado competentemente a la habitación del reo pa. practicar con la mayor escrupulosidad el escrutinio de todas sus piezas muebles y demás lugares donde pudieran hayarse los instrumentos confesados por Aponte y qualesquiera otro conducente a la materia del procedimiento y como evacuada la diligencia se han encontrado tres borradores de rs. cédulas, un Libro con forro de papel pintado, y dos varas de Platilla nueva. Mandó S.S. que formandose Cuaderno separado se agreguen a el los indicados borradores, o copias examinándose al mismo Aponte con presencia de todo por el Licdo. don José María Nerey a quien se comete para que le haga las interrogaciones qe. considere oportunas a la verdadera [...] de las pinturas comprendidas en el referido Libre papeles y Lienzo con arreglo tambien a las instrucciones qe. se le han comunicado. Que po. este qe. S.S. pronunció así lo mandó y firmó doy fé =

Rendón (rubricado)
Ante mí

Vicente de la Huerta (rubricado)

• • •

En la fortaleza de San Cárlos de la Cavaña en veinte y seis de Mzo. de mil ochocientos doce años se hiso comparecer ante el Licdo. Dn. José M.a Nerey a Clemente Chacón, moreno libre preso en este Castillo nt. de la Ciudad de la Havana y vecino de los Barrios Extrams. de estado viudo y segun expreso y su egercicio zapatero, pero en la actualid. Pulpero de quien reciví juramto.
que hiso en la forma dispuesta por dro. bajo del qual ofreció decir verdad y le fueron echas las pregtas. sigtes.
1 Pregdo. si tiene noticia de un Libro que comprehende varias pinturas y existía en poder de José Antonio Aponte dijo que sí.
2 Pregdo. qe. figura tenía el indicado libro y qual era su forro dijo: que era grande sin poder fijar su tamaño no habiendo reparado en su forro pero qe. le conocerá si se le manifiesta.
3 Pregdo. si es el mismo qe. se le ha puesto presente, y es el qe. se aprehendio en la Casa de Aponte de qe. yo El Esno. doy fé dijo: Que es el propio.
4 Pregdo. Si ha visto de las pinturas qe. incluye el referido Libro podrá esplicar su verdadera singificación dijo: Que de algunas le será fácil esponerlas mas no de todas pues cuando Aponte le mostró al declarante, a Franco, Xavier Pacheco y a José del Cármen Peñalver solo anuncio qe. en el

Libro estaba Pintada la Cavaña y tambien qe. allí tenía el todo lo qe. encierra la Ciudad.

5 Pregdo. Si en la ocasión q. acabo de referir hiso Aponte algunas otras expresiones o descubrió la idea con qe. lo habia formado dijo: Que igualmente añadió hayarse delineadas en el mismo libro las Fortalezas sus entradas y salidas.

6 Pregdo. Si entonces indicó Aponte el final con q. había figurado en el Libro las fortalezas y demas dijo que no.

En este estado se le fueron demostrando las pinturas una pr. una de el principio "hasta la primera donde se figuran dos exercitos en acción de batallas y haciendose fuego mesclado en el de la dra. varios Negros: y así mismo en la oja qe. continua a la propia mano se notan soldados blancos, y negros uno de estos a cavallo con la cavesa de uno de aquellos en la punta de una hasta, y otro negro igualmente q. tiene una cavesa cortada arrojando sangre hayandose aquí en cituación, de vencidos los 'blancos'". Se interroga al qe. contesta sobre la intelig.a de las expuestas figuras: y si Aponte se la comunicó dijo que sin embargo de qe. enseñó el Libro como ha manifestd.o antes, no les instruyó de la significación de dhas. pinturas ni el declarante las alcanza.

7 Se continua la misma dilig.a y habiendo llegado al folio del Libre qe. entre dibersas pinturas incluye tambien "siete negros en diferentes trages de Genl. Monarca, Eclesiástico, uno de ellos 'con vestiduras sacerdotales y otra de mujer con insignia Rl, se le preguntó quienes eran las figuras y si Aponte le había explicado a lo qe. aluden dijo: Que todo lo ignora y qe. este nada les indicó relativamente'".

8 Pregdo. "•Sobre la siguiente oja del mismo Libro donde hay Exercito de blancos y morenos en ademan los primeros de caminar atados y en la custodia los Segundos con armas dijo: que tampoco les hiso presente el nominado Aponte en lo que terminan, y unicamte. decia qe. era Acampamentos.

9 Pregdo. si quando indicó lo qe. acaba de exponer el qe. absuelve descubrió el objeto de acampar las tropas y donde dijo: Que no expresó lo qe. se inquiere al referido Aponte.

10 Pregdo. Con vista del retrato de un Negro qe. a su pié tiene esta inscripción JOSE ANTONIO APONTE ULABARRA, y al lado de la pintura un Plano dijo: que de todo, solo save qe. es el retrato del mismo Aponte.

11 Pregdo. de donde le consta ser el retrato de Aponte, el que ha examinado supuesto qe. no hay una semejanza entre la copia y el origl. para llamarse así con propiedad dijo: que Aponte le expresó así, advirtiendo qe. colocaba en el libro su retrato para qe. se supiese qe. era una persona eje [...] de pues en el día destinado a la rebolución qe. se proyectaba lo encontrarian echo Rey.

12 Recombenido por el DD Rafael Rodriguez sobre haberle dho. el declarante el día de aller qe. tenia conocimiento de las figuras lo qual le converso en presencia del Esno. Rl. Dn. Visente de la Huerta respondió qe. a lo qe. se contrajo su esposición al "nominado doctor fue tres quadritos qe. Aponte mostró al qe. absuelve; uno en qe. estaba figurado Cristoval Henriques, el qe, suena Rey del Guarico, otro qe. llamaban el Genl. Salinas, y el otro con la pintura de un Gnl. cuyo nombre no recuerda, aunque todos estaban rotulados al pie con Letra de morde asegurando el mismo Aponte que se los habian remitido de la Isla de Santo Domingo".

13 Pregdo. "Si Aponte designo el sugeto qe. se les enbio del lugar citado dijo que no".

14 Pregdo. "Si entiende la pintura qe. contiene la vista del mar con dos embarcaciones, algunos negros en trage de Ecleciásticos y seculares, un Religioso del Orden de Predicadores, un clerigo, otro, al parecer Arsobispo y un negro con demostraciones de superioridad basto y banda cruzada dijo que no". No comprehende aunque hace memoria de qe. Cristoval Henriquez en el cuadro estaba señalando con la mano izquierda y en la dra. un zable con un Letrero a sus pies qe. decía: Cúmplase lo mandado.

15 Pregdo. En orden a la otra oja donde se figura un soberano poniendo su mano izquierda sobre la cavesa de dos militares negros dijo que segun Aponte le explicó representaba al Rey de España en tiempo del arreglo del Batallón de Morenos, el qual hahiendosele puesto a la vista dos capitanes del indicado cuerpo se digno ponerles su Rl. mano en la Gorra dando a entender q. no debian quitársela si no a S.M.

16 Pregdo. aserca del folio del referido Libro en qe. hay pintado varios militares blancos, un Tambor, dos negros algunas tiendas de campaña un castillo y otro moreno junto a el, tres banderas, dos unidas, y una separada dijo: Que este papel conforme a la qe. Aponte manifestó demuestra los diferentes toques de cajas y el modo de mandarlos con arreglo a la ordenanza de tambores q. el castillo, en Bacuranao el qual ganó su tio N. Aponte el Capn. donde quedo una bandera la coronela, motivo pr. qe. no usan de ella en el Batallón de su Clase.

17 "Examinado sobre la pintura de dos exercitos de negros con un Rey varias Embarcaciones en una bahía y figura otro corto numero de blancos y debajo la voz [...] na Guerin; y al pie de el Monarca la palabra FARRACO dijo: Que no save la significación de todo lo antecedente aunque cree qe. seran guerras acaec [...] en otras partes según ha oido explicarlo a Aponte".

18 Preguntado en orden a los Santos y Santas negros qe. siguen y en la parte inferior así al medio otras de la misma clase en diversos trages dijo: Que no puede dar razón alguna de los qe. se significa.

19 Preguntado aserca de la otra pintura qe. contiene diferentes Ecleciásticos morenos con vestiduras Sacerdotales dijo: Que nada ha comprehendido de aquellas pinturas.

20 "En este acto habiendo echo presente el declarante qe. estrañaba no hayarse en el Libro un Mapa de la Ciudad de la Havana y sus fortalezas cuya explicación daba Aponte se le puso a la vista el plano qe. está como a la tercera pte. poco mas o menos donde todo está delineado y examinandolo con atención expuso ser el mismo a qe. se contrajo; del qual le habia indicado Aponte = qe. tenia sacada una copia exacta con las entradas y salidas de las fortalesas pa. disponer con este conocimto. despues de verificada la rebolución y distribuir la gente en los puntos q. combienen.

21 Se siguió manifestando al qe. absuelve las demas pinturas hasta la relación del libro y dijo: Que ignora su alución.

22 Recombenía como es posible qe. no este bien instruido de todas y cada una de las figuras qe. incluye quando por el contrario debe presumirse qe. Aponte con quien llevaba amistad se las hubiese mostrado y explicado con individualidad muchas veces dijo: Que no ha sido así por qe. Aponte

solo le dio [...] el Libro una ocasión sin haberlo sacado antes ni después al menos en presencia del qe. absuelve.

23 "Preguntado si save de dos varas de Platilla Nueva qe. se encontraron en la casa de Aponte con el Libro si es el mismo lienso qe. ahora se le ha puesto presente, y si penetró el objeto o destino de el dijo: Que le consta haberle llevado a José Antonio Aponte dos varas de Platilla José del Carmen Peñalver, aunque no puede asegurarlo ni qe. sean las mismas qe. ha reconocido en este acto pues nunca las tubo en sus manos. Y que l nominado Aponte dijo al declarante qe. eran para el Estandarte qe. iba a enarbolar en la puerta de su casa.["].

24 Pregdo. Si supo qe. el Estandarte debiese pintarse, y de qe. modo dijo: Que segun le explico Aponte habia de ser blanco, poniendo en él, la Imagen de Nuestra señora de los Remedios.

25 Pregdo. Si tiene conocimto. de una Rl. Cédula en tres copias o Borradores hayados en la misma casa de Aponte con la Platilla y el Libro, en la qual se ordenan varias cosas relativas a privilegios de los Oficiales del Batallón de Pardos y Morenos y habiendose manifestado al qe. absuelve las citadas Copias qe. corren agregadas a este Cuaderno dijo: Que no las ha visto ni save su contenido siendo esta la primera vez qe. llega esta especie a su noticia.

26 Pregdo. Si la tiene de que en poder de Aponte ú otro individuo haya papeles planos, ordenes y quel q.a cosa que diga relación a los prollectos qe. hiban a realisarse y sobre qe. se esta procediendo dijo: qe. nada le consta en el particular.

27 Pregdo. Si acaso pudo penetrar quien formó el Libro, lo dirigió, pintó, o contribuyó a ello si Aponte solo o auxiliado de alguna otra persona dijo: Que no puede asegurar nada de lo qe. contiene la pregunta por qe. Aponte le mostró el libro una sola vez segun le ha manifestado, y respde. qe. lo qe. ha declarado es la verdad bajo del juramento ptd. se le leyó y expuso estar conforme qe. es de edad de quarenta y quatro as. y firmo con el Abgdo. doy fe.

Licdo. Nerey
Clemente Chacón

Ante mí
Ramón Rodríguez

• • •

En el Castillo de la Cavaña en veinte y seis de Marzo de mil ochocientos doce as. ante el Licdo. Don José María Nerey se condujo a José Antonio Aponte negro libre nl. de la Ciudad de la Havana y vecino del Barrio de Guadalupe estrams. en el pasage qe. llaman Pueblo Nuevo de estado casado su egercicio carpintero y tallador y cabo primero retirado del Batallón de los que su clase de quien recibí juramento qe. hiso en la forma dispuesta por dro. bajo del qual ofreció decir verdad y le fueron echas las preguntas sigtes.

Pregdo. sobre un libro qe. del careo esecutado el día de aller entre el declarante y Clemente Chacón resultó existir en la casa del que absuelve donde estaba señalado un campamento con sus banderas, y qe. José del Cármen Peñalver llebó al qe. contesta dos varas de Platilla nueva pa. la qe. debian tener dijo: Que es cierto existía en su poder el indicado libro, según se anuncia habra seis as. y lo formó con el objeto de presentarlo al Exmo. Ayuntamto. de la referida Ciudad, y por su conducto al Exmo. señor Presidte. Govn. y Capn. Genl. pa. darlo a luz y qe. se dirigiere al señor don Carlos quarto: En prueba de lo qual todavía podran encontrarse en la Casa del qe, responde dos pliegos del papel unidos y pintados allí los Señores Rexidores el mismo Exmo. señor Presidte. y el que contesta con el libro abrasado en ademan de entregarlo con traje de aldeano, y aquellos de recibirlo, particularmente el señor Marqués de Cárdenas de Monte Hermoso, el señor don José Miguel de Herrera y el señor don Luis Ignacio Cavallero, como también el Exmo. señor don Juan Fracisco del Castillo; y aunque las aguas han borrado algunas figuras quedan otras bien claras y podrá traerse aquí pa. su examen con otro libro de arquitectura qe. contiene diferentes figuras de buril y mano del declarante. Que las dos varas de Platilla se las remitió Maroto (cuyo nombre ignora) con José del Cármen Peñalver p.a hacer un estandarte y colocar en él, la imagen de Nuestra Señora de los Remedios, pues de su protección solo se debía esperar el buen acierto segun lo aconsejo el qe. absuelbe a Clemente Chacón, Maroto, José del Cármen Peñalver, Franco, Xavier Pacheco, tratando estos de hacer banderas.

Salvador Ternero atrajo al qe. responde [...] de sinta blanca de [...] edad como de dos pulgadas ancho y estampada con motivo de haber advertido el qe. absuelve qe. pa [...] poner la virgen en el Estandarte eran presisas las sintas.

Pregdo. donde esta la imagen de Nuestra Señora qe. había de colocarse en el Estandarte los dos pliego de papel con las figuras qe. ha indicado los santos, y el libro de arquitectura qe. haba de expresar en su antecedente dijo: Que este se hayará en el cajón de la mesa de sedro qe. está en el primer aposento de su casa sobre la mano dra. cuyo libro está forrado en úle todo negro, las sintas en el propio cajón a la otra cavesa envueltas en un papelito blanco, las figuras de los Señores Regidores deben hayarse entre otras debajo del mismo Libro donde hay varias estampas, y la Imagen de la virgen sobre la mesa junto a una Hurna del Niño Jesús advirtiendo qe. la Efigie de [...] Santísima de qe. abla tiene [...] la de papel berde.

Pregdo. Si el libro qe. incluye el campamento es obra del declarante unicamente o si ha contribuído a dirigirlo formarlo o pintarlo dijo: Que nadie ha tenido la menor parte en el referido libro qe. la idea es del qe. contesta su dirección igualmente su dibujo y pintura sin qe. persona alguna le haya ni ilustrado, ni auxiliado al intento pues todo es efecto de su lectura y qe. se atreve con presencia de un Libro Historico a diseñar siempre que se le exija quando leyere en el: con advertencia de qe. no siendo pintor el que absuelve ha solido comprar distintos países gravados, y pinturas pa. tomar de ellos o de abanicos usados lo qe. combine a su idea, de donde resulta qe. se hayan en su casa los países de dhos. abanicos en uno de los dos cajones de las mesas qe. esta pronto a qe. se traiga en calificación de la virtud de su relato.

Pregdo. Si las dos varas de Platilla qe. en este acto se le han puesto de manifiesto y yo el Esno. doy fe de ser las mismas qe. se hayaron en la Casa de Aponte en las qe. le embio Maroto con Peñalver dijo que sí.

Preguntado si el libro qe. igualmente tiene a la vista el declarante, y de que doy también fe yo el Esno. como en orden a la Platilla en el pro [...] ha espuesto haber formado para dar a Luz y elebar a la Corte pr. medio del Exmo. Ayundante. de la Ciudad de la Hav.a pr. medio del Exmo. señor Presdte. dijo que es el propio.

Pregdo. si en el concepto de ser su autor segun lo asegura en las anteriores podria esplicar sircunstanciadamente todas las figuras qe. incluye dijo: que desde luego lo hará con la mayor exactitud y puntualidad en esta virtud [...] dio principio a la operación por los pliegos unidos qe. componen el folio marcado con el n.° uno y constan de varias pinturas aserca del qual expuso lo sigte. la estampa qe. representa el Eterno Padre sobre un bidrio asegado es la creación del mundo en que hiso Dios el Empirio juntamente todas las cosas y así tiene la lámina en [...] P [...] qe. dice principio. La qe. continua a la Izquierda con [...] no. uno manifiesta el primer día en qe. fue formada la lus teniendo una Estrella del propio bidrio así a la dra, el no. dos y a la izqd.a un Sol con bidrio tambien, entre nubes aluden al segundo día en qe. se crearon el Sol la Luna y estrellas, distinguiendo los años meses y días como lo manifiestan seis estrellas de divinos colores. Segun los Planetas la del Norte y otras qe. la rodean—Tercero día demuestra las Aguas encanaladas y la tierra brotando plantas, flores y llervas olorosas lo qual se figura en el num.o tres a laizquierda Entendiendose del qe. mira el libro-quarto día con el n.o quarto fué fijada la luz del Sol quinto día terminado [...] sinco formado los peces y las aves de las mismas Aguas—Seis día[...], y sinco de este fueron criad [...] los Reptiles y del barro damaseno formado por el primer hombre—Despues de echo fue puesto en el Paraíso terrenal lo mas alto de la tierra, comprehendido bajo el n.° seis: y habiendo puesto nombres a los animales le infundio sueño y le dio compañera. El mismo día seis les intimó el precepto de no comer del arbol; y en el propio día veinte y sinco destinó se dejó ceducir del demonio la mujer, indujo a Adan y pecó tambien—Una fuente qe. existe en el medio del paraíso de donde salen quatro ríos, Nilo, Gange, Geon Ofrates.

Quebrantado el mandato divino quedaron Adan y Eva cubiertos de [...] trataron de [...] de su culpa aquel con tener muger hermosa y esta con el engaño del Demonio—Las figuras qe. incluye el pliego con las sifras dos puestas pr. mí al prescrito Esno. es el Castigo y destierro del Paraíso de nuestros primeros padres encontrando a su salida el demonio en figura de mono echandoles en cara su pecado con la misma manzana, la Lechuza Ministro de la muerte, la serpiente qe. engañó a Eva, el [...] la que vio San Juan en su Opocalipsis y la misma muerte qe. todo lo atraería con la Hos [...] arbol o tronco serca de una concabidad, advirtiendose qe. el n.o tres queda incluído en esta explicación.—Los números quatro y sinco empiesan por el día lunes en signo de Escorpión lo qe. indica el carro tirado pr. mugeres qe. significan el día y la noche.— El n.o diez y ocho qe. está dentro sobre una columna y a su pie señala el Nilescopio o medida de las crecientes del Rio Nilo en el Cayro cuyas escalas estan numeradas de dies y seis a dies y ocho; hayándose a su izquierda la misma ciudad del Cayro = a la derecha estan los influjos de la Luna inclinado a la tierra en las montañas de Catajipa donde existen la comp.a del Nilo.

El número [...] y el siete figura de planeta Marte tirado pr. dos cavallos subiendo una cuesta con el [...] ion convertido en Gallo. El no. sinco que arriba en la parte de adentro muestra el quinto cielo citio del ante [...] Planeta cuya influencia son Guerra Gobernando Claudio llamado tanbn. el Preste. Juan, qe. llebaba pr. botas Garras de León y esta pintado a la dra., sucedió qe. el Ber de Alexandría faltando al Padre del Senso entró en una población y la arrasó. De lo qual noticiado el mismo Emperador annegó el Cayro sortando las compuertas con el Catadupe y partiendo el propio Claudio con los cavalleros a San Antonio Abad qe. bisten de negro y [...] em [...] y citan sujetos a la disciplina los portugueses marcharon unos contra otros segun lo manifiesta la pintura y los Egerci [...] tan haciendo fue [...] y entonces dispuso el gran Señor qe. pagase el Rey: sesando la Batalla con [...] ta providencia Aqui fue recombenido el declarante sobre los [...] negros qe. se notan en claudio y los qe. titula Cavalleros de San Antonio, pues sin embargo de qe. el traje fuese de aquella co [...] parece estraño serlo también su semblante dijo: Que con razón de ser naturales de Avicinia e [...] las Indias Orientales en las [...] pero como habiendo los portugueses descubierto o conquistado la indicada parte del Orbe se unieron unos y otros pa. la Batalla referida.

Preguntado a que aluden las de cavesas blancas una lebantada pr. un moreno y otro en la mano del qe. esta detras ambos a cavallo y arrojando sangre la segunda dijo: Que todas son acciones de la Guerra Recombenio aserca de que los portugueses segun su esplicación Qe. se haya en el Egército de la dra. junto al Preste. Juan parecen arrollados y destruidos con el fuego: no menos qe. una de las cavesas demuestra qe. no es de moro: porque no era regular qe. aquellos amigos de los de Avicinia fuesen destruidos por sus mismos aliados dijo: Que los que se pintan como abrasados lo espresan de los juegos de los moros qe. este [...] aunque a una le falta el morrión [...] siendo tambien relativo al mismo [...] los exercitos mas inmediatos al Castillo del Cayro— El numero ocho y nueve señala el planeta mercurio de Gémines tirado su carro pr. dos milanos y la influencia de [...] estrella verdosa y caduseo adelantos del comercio— A la izquierda esta colocada la Primavera y más adelante a la propia mano consultas y fuerza del mismo comercio; su guarda queriendo impedir el contrabando encuentra con la muerte y no puede [...] itar aquel— Un retrato puesto en la Casa del Carro es el de Godoy qe. en el tiempo de hacerse el libro había llegado a su total elebación, por lo qual se cubrio despu [...] on [...] pel asul donde y un Angel q [...] la pluma a un pajar [...] indic [...] la caida del mismo Godoy— Así a la dra. se ve un negro y a su lado el bote del [...] cuyo buque trajo de España la noticia del Almirantazgo— Inmediatamente se representan los Castillos de la Punta y Morro con la Cavaña muelle de Marina y Casablanca, el Navío San Lorenzo qe. entonces estaba en la Bahía de Capitana.— Después de la entrada del Pto. se nota una lancha del primer Navío de la qual saltando al muelle la avaricia da con la muerte; hayanse tambien la virtud como dro. del Comercio y mas adelante la alegría de este qe. a recortado de un país sobre puesto al papel en prose [...] ion de la idea qe. llebaba el dec [...] r [...] e como arriba deja expuesto y pr [...] a la mano dra. estan delineadas las fabricas de Aduana y contiguas las Plaza de Armas Goyne. y Casa de Correo Consulado Iglesia de Predicadores y la qe. hay de la Seyba al Cuartel de la Fuersa.

Pregdo. como puede conformarse lo que ha mani-festado sobre fomento del Comercio a qe. alude toda la pintura de estos dos Ns. ocho y nueve quando en el muelle se ve la muerte con el caduseo en la mano; lo qual indica destrucción de este, y no adelante dijo; Que la muerte destruye solamente la avaricia.

Pregdo. con qe. objeto se figuro la Ciud. pa. pr. la parte de la [...] nia Llamte. dijo qe. en fuersa [...] la mas proxi [...] al muelle, y qe. también esta dibujada en otro folio pr. distinto aspecto. El No. dies y onse planeta Júpiter en signo de Sagitario: Su estrella clara Padre aquel de Bulcano primer herrero, arrojado de una patada a los montes Irineos, y buscando los mejores metales hayó el oro formo fragua, forjó rayos embiándolos a su Padre pa.

volver a su gracia de qe. le había quedado esperanza como indica la figura de [...] br [...] de lo qual qued. admirar la Diosa Juno Esposa de Júpiter [...] a la izquierda de la fragua [...] no [...] los sielos que haciendo sonar el yunque aunque hasta la esfera en [...] de Bulcano y al fin de todo hay quatro niño qe. demuestran la Jovialidad vos qe. trae su origen de Júpiter.

Los nums. doce y trece el día viernes planeta Venus tercer Cielo en signo de Valansa pr. igualdad del tiempo le corona En tracia por Reyna de Chipre influyendo la estrella musica, poesía para tipo encuentros y rendimiento de hombre a muger: La hermosura del claver y la rosa figurada en un [...] y [...] m [...] la antigüedad de la mússica y una Aldea [...] a izquierda cua [...] cada las figuras Ve [...] en [...] mismo [...] Preguntado q. significa con respecto a su idea la figura recortada y sobre puesta de una joven con un papel en las manos y la inscripción siguiente: Mi hijo la Paz es echa. dijo: Que pareciéndole acomodable al anunciado adorno la quito de un abanico y la hiso servir segun la encontre a su obra.

Los nums. catorce y quince Planeta Saturno en [...] no dev [...] tirado el Carro por dos [...] cuya estrella arroja y [...] Reyna en la Etiopía su esposa Rea, mas a la dra. diosa de las, [...] dades y Plasas fuertes como lo manifiesta los tres Castillo qe [...] e [...] pr. morrion y los edificios de bajo de [...] ies comprendiendo y cañón [...] madre de Neptuno Pluton y [...] El Leon denota afabilidad a la isquierda se representa el influjo de la misma estrella, los sepultureros hombres entregados al estudio pre [...] cienes manifestando la muerte qe. está pintada junto a un casador la fragilidad de la vida humana; Tambien está figurada la tierra en una muger proxima a una Escala pues es suplicio de lo que esta y nunca la criatura acaba de subir.

Numeros dies y seis y dies y siere El dia Domingo [...] de el Sol en Signo de Cabra en la region del medio dia pr [...] en [...] dores se obscurece el color como lo muestran las pinturas [...] la mano dra. Enfluencia del Sol y de la Estrella de Venus qe. lo acompaña al punto del medio día la justicia figurada pr. la Estatua del [...] bron sin brazos solo imbocando la divina misericordia pa. obras just. Genl. q. significa la pintura de un hombre moreno de la propia Región con mision al de este empleo El Emperador qe. sigue manifiesta el Preste. Juan la Libert. asul y estrellado pr. nombrarse de la Estirpe de David y el forro encarnado memoria de la sangre qe. derramo nuestro señor Jesu-

Christo. La piel sobre los hombros puresa y el toison pr. San Mateo Corona Imperial con el Espíritu Santo arriba indicando qe. bajaba quando la Reyna Candase daba el baptismo a los Príncipes en el Rio Nilo conducida pr. el eunuco su Tesorero a quien dió el apostol San Felipe, la Concha con qe. Bauticaba otra Reyna y el Libro qe. tiene en la mano es el de las Profesías de Isaías qe. iba leyendo el eunuco en el Carro.— Abalseo primer Apostol moreno ordenado pr. el propio San Felipe está en trage de clerigo con otro libro abierto en la mano. Miguelet hijo del Rey Salomon y de la Reyna Saba qe. embiado de su padre a la Reyna Candase pr. trabesura le dio el mismo Salomón las Tablas de la Ley.—Abrahan otro Preste, de las Indias qe. no tienen muger con quien casar de la misma Estirpe reciben la misma orden Sacerdotal por cuyo motivo se titulan Presto, y habiendose ordenado el propio Abrahan bajo un Angel trayendole binageras y hostias. El Patriarca de Alejandría admirado de aquella maravilla subio al Monte Amaro haciendolo a Dios la deprecación Cantate Domino Cartieun nobum. Debajo se haya la montaña qe. acaba de indicarse Vs. poemas arriba los príncipes de Avicinia serca de su casa y del templo del Espíritu Santo qe. así se llama aquel donde selebró el Prest. Abrahan el sacrificio en presencia de M.a Santísima y el Castillo qe. esta la dra. es de los Moros cituados en aquel contorno sin haber podido pasar la Montaña y por tanto se mantienen en el.

Pregdo. qe. bandera es la que lleba en la mano la Reyna qe. ha nombrado Candase, dijo: Que es la de Avicinia Campo Amarillo Leon Crus encarnada y Espada. Así a la izquierda de los mismos números dies y dies y siete se advierte pintado un grande acompañado al monarca en qe. esta representada la Europa: un cardenal de su Santidad qe. figura la Italia. Los tres Reyes Magos, Melchor Gaspar y Baltazar guiados de la Estrella qe. se concedió al primero qe. condujese a los otros a la adoración de Jesucristo recien nacido qe. esta mas [...] izquierda en los brazos de su madre y por ultimo el poniente qe. lo da a conocer el Sol en su Ocaso. En este estado siendo ya serca de las seis de la tarde y en concideración a qe. el reo está declarando desde las dies de la mañana sobre este y otros particulares dispuso el arcion se supendiese la dilig. qe. firmo a reserva de continuarla qdo. convenga doy fé.

Lcdo. Nerey

José Ant. Aponte

Ante mí
Ramón Rodríguez

•••

San Carlos de la Cavaña Mzo. 27 de 1812.
Recojanse pr. el presente Esno [...] da comición bastante los papeles y [...] y además qe. ha indicado José Antonio Aponte en su declarazción anterior existía en la Casa de su morada; pasando a ella con los auxilios necesarios qe. se les impartiran pr. quien correspondan y practicando los diligs. oportunas de qe. dan quenta.

Rendón

Ante mí
Ramón Rodríguez

•••

En el Barrio de Guadalupe estramus. en veinte y siete de Marzo de mil ochocientos doce as. consequente a lo dispuseto Yó el Infrascripto Esno. asociado de Dn. Juan de Dios de Hita Capn. Juez Pedáneo de dho. Barrio, y testigos pasé a la habitación de José Ant.o Aponte, hubicada en el parage qe. titulan Pueblo Chico y ha [...] encontrado serrada sus puertas se dispuso qe. compareciese uno de sus hijos nombrado Cayetano Aponte qe. mantiene las llaves y habiéndose abierto pr. estar sin puertas se procedió a un prolijo escrutinio en los Cajones de las dos mesas qe. refiere el memorado José Antonio Aponte como tambien de un Baúl con ropa, una comodita pequeña qe. se haya de dhas. mesas cuyas piesas se extrajo un papel embuelto qe. contiene como dos varas de sinta blanca labrada y estanpada y de dos pulgadas de ancho qe. se dice haberse facilitado pr. Salvador Ternero pa. adorno del estandarte. Así mismo se recojió la Imagen de Nuestra Señora de los Remedios con el sírculo sobre puesto de papel verde qe. había de servir pa, el mismo estandarte. En los propios términos se recojió

el Libro forrado en ule negro qe. expresa Aponte ser de arquitectura dentro del qual se encontraron los dos pliegos de papel con las figuras qe. ha indicado, varias Estampas, y figuras; de la propia manera se encontraron porción de otras recortadas y algunos países, así de Abanicos como de historias y diseños de palacios, e iglesias con algunos planos qe. se recogieron según se previene en el citado decto. de comienso. De la misma manera se recojieron e inspeccionaron varios libros qe. se le encontraron cuyos títulos son los siguientes— Primeramente uno en pasta de mucho lujo qe. se titula descripción de Historia Natural—Arte Nebrija—Guía de Forasteros de la Isla de Cuba—Maravillas de la Ciudad de Roma—Estado Militar de España—Sucesos Memorables del Mundo—Historia del Conde Saxe— Formulario de escribir cartas—Catecismo de la Doctrina Cristiana—Vida del Sabio Hicsopo tomo tercero de don Quijote— todos biejos y usados qe. se registraron con la mayor escrupulosidad pr. si dentro de ellos [...] hubiese algun papel ú otro documt.o qe. mereciese atención qe. no se encontró y se concluyó la dilig.a qe. firmó el memorado Capn. siendo testigos el Tente. don José Prens. Dn. José Benito Salva y don Teribio Sotual
doy fé

Juan de Dios de Hita

Ante mí
Ramón Rodríguez

•••

En el Castillo de la Cabaña en veinte y ocho de marzo de mil ochocientos doce as, ante el Licdo. don José María Nerey se hiso comparecer a José Ant.o Aponte pa. continuar la declaración antecedte. qe. quedo pendiente de quien recibí juramento. qe. hise en la forma dispuesta P [...] bajo del qual ofrecio decir verdad y examinado sobre la explicación de los nums. sigtes. en el libro qe. comprehende las pinturas dio principio de este modo.
Los diez y ocho y diez y nueve asi a la izquierda está figurado el dios de los bientos. Esta frente a la boca de Cabañas qe. se haya debajo rotulada con el Ingenio de don Gonzalo de Herrera y el Torreon del Mariel el muelle

de tablas en la parte inferior, y el de don José María Escovar Callo titulado de Pu [...] y algunos barcos de pescadores mas a la dra. La Diosa Velona en su carro tirado de dos cavallos indicando la ansta, a la batalla dada por el Capn. Joaquín de Aponte abuelo del qe. declara en el Torreon de Marianao a seis sientos hombre y un[...]ton Ingleses qe. desembarcaron allí mismo quedando pricioneros todos excepto el milor qe. murió y se pinta en esta disposición con bestido encarnado con el pie del mismo Torreon sobre el qual hay una Fragata qe. los conduzjo a dho. parage. Junto al Torreon y serca del muerto hay algunos soldados morenos qe. le hicieron fuerza y otro a cavallo qe. [...] el Tente. Ermenegildo de la Luz mas a la dra. sobre unos arrecifes estan pintados el Sub Tente. José Ant.o Escoval y el resto de la Compañía de morenos en demostración de llebar unos hombres blancos pricioneros qe. fueron los Ingleses los quales entraron en esta Ciudad a las seis de la mañana traidos pr. Nicolas Aponte hijo del nominado su abuelo qe. tambien se ha figurado a cavallo, dho. abuelo serca de una bandera qe. bajo la mano de un León escondido en la mayor parte de su cuerpo dentro de una concabidad cituándolos así porque el batallón de morenos tiene dos banderas con la cruz de Borgoña y la falsa la con [...] siendo esta la causa de [...] el León pues presenta el [...] milor como de sangre Rl, deberá haber una de aquella clase—El júbilo del Capn. Aponte a Dios al Rey representado en el León con la bandera o la Patria qe. se figura en una India conducida en brasos de quatro, tambien Indios, otra muger con dos tambores y otro bueltos del frente al Mairel qe. se llamaba así el mismo Indio. El júbilo de Aponte buelve a decir está significado en una décima muda metafora cuya colocación debía ser en el blanco superior tiene diez líneas echas con lápiz; se significa por el arbol puesto abajo en medio de las aguas y florido con llamas qual estas prodijioso [...] ben [...] sobre florido gajo se derrama.—De Aponte al Dios Rey y a la Patria el amor como fuego arde en vivas llamas. Oculto a buestras vistas su ardor rompiendo de las Aguas el fuerte muro respira yamas en humo puro. La pintura qe. sigue asi arriba con la Luna al estremo concluye la alucion del mismo arbol con las armas de la Ciudad de la Havana y un Aguila sobre otro arbol en adorno de la figura = Continua un exacto plano de los caminos; habitaciones, Iglesias del Quemado, y demas

Casas Hermitas molinos destruidos desde el Marianao hasta la puerta de la Muralla.

Pregdo. con que. objeto formó las dimenciones desde el citado lugar hasta la Ciudad: Que solo con la idea de adornar las otras pinturas qe. acaba de explicar.

Pregdo. qe. habitaciones son las qe. allí aparecen con una camapana fixada en un palo con inmediación a la puerta dijo: Que la primera es la Iglesia de San Antonio serca del camino del Ppe. y la segunda la Hermita de Zayas en el Horcón. El número veinte demuestra el Campo Santo con las figuras qe. se hayan en el original–. A la mano dra. del propio número en lo superior hay dos Estrellas qe. dan a entender qe. siempre que se vea alguna de ellas verde, negra o rubia con cola anuncia terremoto, y negra con rabo carestía– En la parte de abajo esta cituada la muerte en pie con una llabe en la mano izquierda mundo y cruz en la dra. pasando un Escudo de Armas, y otros dos qe. están mas interiores y son más pequeños.

Preguntado qe. escudos son estos dijo: Que de la misma manera qe. ha cortado otras figuras pa. adornar el libro lo ha echo con estos ignorando de qe. sean.

Preguntado si entiende el Idioma latino dijo: Que no.

Preguntado si comprehende la inscripción en la misma lengua en el Escudo de la mano dra. qe. dice (inscripción en latín ininteligible). Ficit es ege [...] dijo: Que tampoco lo entiende– Sigue la explicación de la figura de color azul con morrion, Escudo y bandera en la mano es el Dios de la fabulas el qual manifiesta qe. siendo la muerte la llave del mundo todo es fabula como se expresa en la redondilla siguiente– Consume con gran biolencia– La parca lo mas malo– pero jamas ha podido aniquilar la prudencia.

Esta se pinta pr. una muger llamada así princesa de la virtud qe. está batiendo el fuego y al frente un sipres qe. muestra co [...] darse la prudencia con dho. arbol y el fuego qe. es un mismo elemento.

El num.o veinte y uno figura del propio Santo con la tumba regia qe. se puso aller en la tarde de S [...] ción sobre la cual hay dos atuales de los Señores Obispo Candame y Govr. qe. fue de esta Plasa Manrique.

El número veinte y dos en el estremo superior de la izquierda la Casa de Cap.o de S.S.Y. y camino qe. ba al Campo Santo de la Ciudad de la Hav.

inmediato al de San Lasaro esto es, al de San Juan de Dios contiguo a San Lasaro divido uno de otro pr. una calle-Vecindario, Puente, ospicio, torreon, Casa Nueva de Texamino la Quinta de Betancur de don Gerbacio Camino pr. los Hornos de Cal al Campanario de Guadalupe y qe. sigue a los barracones mas arriba las canteras caminos qe. miran a la Punta, entrada de la Alameda, Campo de Samora con la horca, la fortalesa de la Punta y senda qe. ba a la Puerta del mismo Castillo.

El número veinte tres asi abajo empiesa por el indicado Camino figuradas las dos puertas de la marina y del Campo de Samora, los fosos qe. rodean la ciudad, sanja, desagüe, puertas de la muralla, puerta nueva la bieja serrada del Arsenal puerta serrada también qe. cae a Jesús María calles de esta población y el plano de la Havana con toda puntualidad, Cuartel de Santelmo, San Ignacio Catedral la fuerza y demas fábricas inmediatas hasta el muelle de Cavallería, Machina Alameda interior, Hospital de Paula etc., Pintados igualmente los resintos de la Ciudad y sus muros.

A la parte de arriba se ve el Castillo del Morro este de San Cárlos de la Cavaña con sus caminos estacadas y todas las entradas exactamente dispuestas muelles de Marina Casablanca Castillo de Cojimar a la izquierda: San Diego no quatro las fabricas donde [...] tab [...] al final el muelle de mar y melena la villa de Guanabacoa con su [...] y calles caminos de este pueblo al de Regla qe. tambien está delineado con la Hermita y edificios contiguos y respectivos, muelle palacio antiguo de Dn. Gonsalo Oquendo y sigue diciendo lo restante de la orilla del mar hasta el Castillo de Atares inclinadas las casas polvora la del señor don Franco de Arango y el Campo Santo de la Marina-La Estrella qe. está en el medio con tres rótulos qe. dicen Orología, Norte y Octavocielo manifiesta la de esta nombro q. es la mayor; la orología qe. divide las quatro partes del año y las mas pequeñas con las qe. hacen la perpicacia del Norte.

Pregdo. qe. fin ha llebado el declarante en la formación del [...] qe [...] esplicado en el qual se haya [...] dibujado las entradas y salidas de la Ciudad, fortalesa de pueblos imnediatos caminos del campo ribera del mar y demas particularidades qe. contiene dijo: Que unicamente llebó la idea de divertirse con el mismo dibujo sin otra intención alguna como se comprueba de no hayarse en el figura qe. indique [...] iera.

95

Los números veinte y quatro y veinte y sinco: En estos se hace presente el autor del libro en su retraro figurando al pecho un Laurel de fidelidad palma pr. victoria de parecer un compas-a la izquierda se advierte el banco de carpintería donde se trabajó el referido Libro manifestándolo el blanco y la infancia representada pr. una figura de niño atada a una columna y en la plana del frente un rostro de anciano qe. significa atarse la infancia recuerdo de antiguedad, se ven igualmente, sobre el banco tintero, regla y botes de pintura— Así a la mano dra. en lo inferior aparecen dos Indios sustentando las almas, la Ciudad de la Havana en la boca del Morro pr. la salida del declarante el año de mil setecientos ochenta y dos qe. se noto arriba pa. la imbación de la Isla de providencia qe. se ve pintada a la dra, con sus callos inmediatos Buques conductores de las compañías de morenos qe. saltó en tierra a las ocho de la mañana abriendo un monte como de una legua. pr. el mismo callo y durmiendo aquella noche a la orilla de los arrecifes frente al Pueblo hasta la tarde sigte. qe. pasamos al muelle de la Aduana y se alojaron en el Castillo del Fuerte [...] habiendo procedido a todo esto las Capitulaciones.

Pregdo. qe. indican los números hasta el diez y siete qe. están distribuídos en el dibujo de la Isla qe. llama Provid.a si conserva escrita la explicación de ellos segun es regular dijo: Que los nums. pequeños de qe. se le interroga sirben pa. señalar los diversos parages y edificios de la isla qe. unicamente el motivo de colocarlos allí facilitando al qe. absuelve la formación [...] pag [...] de lo qe, habia visto sin qe. hiciese explicación alguna en otro separado.

Pregdo. quien es el qe. se pinta ahorcado en uno de los extremos del callo dijo: que es la figura de un negrito de la misma Isla de providencia qe. segun refirieron fue ajusticiado pr. haber querido biolentar una muger de su misma condición. El no. veinte y seis significa a Diógenes dentro de una tinaja en las desolaciones de una plalla protegido pr. la Diosa Isis. qe. le favorecía y esta figurada arriba en un carro donde bajaba todas las tardes a proveerlo de quanto necesitaba— de lo qual instruido el Rey Dn. Rodrigo representado al pié mandó a Diógenes salir de la tinaja quien le contestó qe. siempre que la Magestad del Rey hiciese lo que el con su pobresa le obedecería: y preguntado pr. el Rey sobre qe. podía hacer sacó dos puños de tierra mostrandole un setro en la mano dra. y en la isquierda el Escudo de Armas y banderas de España. Animado el Rey de aquella maravilla da gracias a Dios y le prebiene se quede en su tinaja bolbierase a su Reyno en el navío donde había ido y esta pintado más a la dra.

Recombenido como pudo Diógenes conforme a la explicación antecedente haber formado el Escudo y Setro de España de dos puños de Tierra qe. segun asegura el declarante sacó de la tinaja: pues aquel filósofo no era capaz de hacer naturalmente tales prodigios dijo: que siempre se ha persuadido y creyó qe. seria efecto de su inteli.a Con la Diosa.

El No. veinte y siete duplicado es un mapa de la Europa como lo indican los renglones con qe. estan distinguidos los lugares tambien se representa el Africa y el Asia, figuradas igualmte. los habitantes negros de aquella región—Se vé así mismo la Isla de Cadis con el Castillo de San Sebastián y el peñón de Gibraltar al frente. El no. veinte y ocho comprehende la figura del Escorial a la dra. e izquierda y en el Sentro un Panteón Rl. con el Dho. Trosfee compreme [...] a la Tierra y otro Panteón donde está puesto el nombre de Carlos Tercero y las armas de España unos pájaros como el campo y colocada la Imagen de nuestra Sra. de Atocha en el templo del mismo San Lorenzo del Escorial; en cuyo día fué ganada la batalla de Sn. Quintín pr. el Rey don Felipe Quinto y el No. ocho qe. está debajo del Panteón mayor significa ser el escorial la octava maravilla.

El núm.o veinte y nueve manifiesta la benida del Padre Mantex a Balencia de la compañía de Jesús y es el qe. está pintado con sus habitos entre los [...] infierno al Obispo ser de Mala [...] los morenos de la Avisinia representados a la dra. se aparecen D, Juan de Bartasar uno de ellos como Embajador el mismo qe. en la pintura tiene insignias de cavallero de San Antonio Abad presentando al mismo Padre, y condes los libros de la Sagrada Escritura así a donde señala con el dedo de la mano dra. qe. había comprado a los Griegos con piedras preciosas y dinero, de lo qual remito confundido el Padre Mantex y los condes franquearon a Baltasar la entrada en Balencia; quien tubo pr. su defensor allí al Padre Fray Luis Ureta del orden de Predicadores. El número treinta no esplica otra cosa sino una Dama cortesana con el pais de Cadiz su patria en la mano.

El treinta y uno representa a nuestro Rey don Carlos Tercero (qe. en Dios gose) en demostración de poner una mano sobre el gorro de uno de los militares negros qe. son el Tente. Ant. de la Soledad, y el Sub Teniente Igno

Albarado naturales de la Ciudad de la Hava. los quales hicieron el egercicio delante de S.M. y tratando de quitarse la gorra no se lo permitió el Soberano, sino pr. el contrario se le apretó mas a Soledad y le pasó el dedo pr. la frente pa. desengañarse si tenian segun estaba persuadido pr. noticias—Detras del Rey están las figuras del señor don Carlos Qut.o e Infante Dn. Ant.o y a la parte de su dra. al concluir el pliego se ven los trofeos de guerra.

Los num.s treinta y dos y treinta y tres representan la casa RI. del mismo señor don Carlos quarto al qual debia dirigirse este libro y la Reyna su consorte en ocación de habersele manifestado el plan de ordenansa qe. es el figurado en los militares qe. siguen a la dra. dando principio pr. un moreno nombrado Juan José Obando primer Capn. qe. vistió la casaca el año de uno del Siglo pasado en acción de mandar el toque de la generala—Siguen ocho blancos y de estos con espada en mano qe. le indica el primero el toque de las banderas el segundo la asamblea pausada, el tercero redoblada el quarto marcha pausada el quinto idem. redoblada, el sexto marcha granadera, el séptimo alto y el octavo con un baston retirada pausada—El Capn. de morenos... Jaques qe. se ve a la otra cabesa hace señal de tocar retirada a pase redoblado—Los soldados o militares qe. están más abajo de los esplicados empiesan pr. el Comandante [...] marchan [...] Comandante que fue del mismo [...] tallón y tenía la medalla del [...] don Felipe Quinto [...] mandando a toque de Saludo Obando = Continuan pintado ocho blancos con bastones Espada, y entre ellos un Tambor el primero [...] de llamada y el segundo de oración, el tercero de misa, el quarto de orden, el quinto de fagina, el sexto redoble de parche y aro el septimo toca la diana y el octavo redobles tambor. El Capn. Joaquín Aponte de la RI. Efigie del señor Dn. Carlos Tercero qe. está pintado junto a un cavallo, y es el de Marianao con un zable en la mano dra. en demostración de mandar al toque de cada cuerpo representado más adelante un campamento con [...] pa. un segimt.o [...] el tropas de morenos divididos el propia campamento pr. una calle y [...] encarnadas [...] ta Combate cañón y dos [...] arriba del Castillo de Marianao estan pi [...] tiendas de campaña y la tropa en disciplina y Patrullas—Tres Banderas blancas con crus de Bolgoña dos unidas y una separada qe. es la del primer batallón suponiendo qe. el acampado fuese un Regimt.o el qual debe tener quatro y falta aquí la que arriba queda explicada en la pintura donde el León la tiene en la mano a la muerte del milor—Mas a la dra. en la parte superior está otro acampamt.o pa. cavall.a o Dragones qe. no está ocupado sino con tres figuras a cavallo qe. representan el Capn, Joaquín de Aponte al Tente. Ermenegildo de la Luz y Sub tent. José Ant.o Escoval qe. se pasean pr. el prebenidas y [...] la tienda pa. guardia del Campo [...] ña de combate [...] los comunes y tiendas de comer—Así a la misma mano dra. se ve el Castillo de la Chorrera Punta Braba y Castillo de Santa Clara, el del Ppe. Torreon de San Lázaro, la Punta, el Morro siguiendo al extremo de la pintura y pa. abajo a la parte opuesta del mar la puerta de la Punta Armacenes la seiba inmediata a Santelmo y termina en la Casa del señor Conde Casa Ballona y San Ignacio— La figura gravada con tinta azul qe. se haya en lo superior entre Nigero y Cojimar tirada pr. dos aguilas significa la gasa del Aire: la otra entre Santelmo y la Cabaña es Neptuno qe. sale del mar—La Ciudad de la Havana se denota serca de la Punta en el campo de Samora pr. una Dama con las armas de la Ciudad presenciando a los oficiales de morenos nombrados antes en memoria de la [...] qe. la han defendido. Debajo estan tres Damas sobre puesta y dos galanes del mismo [...] uno sentado y otro en pié esplican el júbilo de la misma empresa qe. se manifiesta en el campamento.

Pregdo. Si todo el pliego tiene conexión de manera qe. sus figuras dependen pa. la intelig.a unas de otras dijo: Que la tienen y comp [...] a demostrar la idea de presentar este libro al Soberano por los conductos ya referidos si se estima conbeniente.

Pregdo. a qe. aspiraba el declarante con qe. su obra se elebase al Rey qe. premio pretendía y por qe. medios pensaba [...] gundo dijo: Que solo deseaba la recompensa qe. S.M. quisiera darle si lo consideraba digno de ella pr. los medios del mismo Exm.o Presidte.

Govr. Cap. Genl. y E. Ayuntam.to Preguntado pr. que se advierten los militares, marinos a la banguardia y retaguardia y los Blancos en el Centro dijo: Que para manifestar la antiguedad de la for [...] Juan José Obando primer Capitan de morenos q. bistió casaca en el año de uno del siglo pasado la de Lorenzo [...] mina Comandante con la medalla del señor don Felipe Quinto, la de Alejo Jaguer Capn. de Guerra de no [...] del propio batallón y la de Joaquín Aponte [...] mandaba el Castillo de Marianao [...] cien qe. acaso la daría el se [...] qe. entonces era y también se hayaba condecorado con la medalla que le concedió el señor Carlos Tercero a la buelta de Nueva Orleans donde fue con el Exmo. señor Conde O'Reylly y de suerte que si [...] vimientos de m [...] blancos si alguno otro es mas antiguo qe. haber bestido la casaca blan [...] do.

Pregdo. pr. qe. motivo tratando de indicar la antiguedad del nominado Obando no se colocó este [...] ber de la otra Tropa, sino tres mas en quienes no concurria a aquella sircunstancias dijo: Que si hubiera sido una sola columna habría bastado dos, pero siendo este el num.o de los [...] intados se necesitaban quatro morenos pa. res [...] tarlas. Preg.o [...] qu. [...] dos columnas al menos una con militar blanco salbando siempre la antiguedad de Obando en qe. consiste qe. no hizo así colocando pr. el contrario en el lugar preferente a los otros morenos qe. no gozaban el pribilegio de aquel dijo que como de Obando dependian [...] otros [...] ya con forma cituarlas como muestra la figura para la qual hubo en memoria [...] el Exmo. señor don Juan Manuel Cagigal hizo en el campamento qe. formo en la barra [...] de varios Regimtos. que [...] ces existian en S [...] ria [...] gen,. Guadalajara y otros qe. Mando pronto en el sentro despues de rendido [...] campamento colocado a B [...] guardia la mitad del [...] llon dentro [...] con [...] aderos y banderas y la otra mitad de dho, batallón con los casadores a retaguardia de los demas Reximtos.

Pregdo. a qe. regimt.o se refiere la inscripción que tiene el Escudo de armas de la ciudad gravado todo y sobre quanto la g [...] dice regimiento de Ynfantería Recombenido como puede ser el [...] lo de al batallón de more [...] Recombenido como puede ser el [...] lo de Reximt.o a un solo batallón dijo Que en tipo, del señor Conde de Jaruco y Exmo. señor Conde de Sra. Clara se formaron tres batallones de morenos siendo el prim.o el qe. existe hoy, el Segd.o de retirados, y el tercero de nueve compañías de recluta [...] disciplinado: pa. el mismo regimiento, cuya organizacion. quedo despues sin efecto: y como corrian los Escudos y licencias bajo la nomeclatura de reginto, se le daría esta en la inscripción presente qe. no es pintado por el qe. absuelve como apunta pr. tanto se testaba poste [...] mente la vos de regimt.o En las indicadas licencias: lo qe. igualmente acredita la división qe. hiso el propio señor Conde de Jaruco del Batallón de morenos tomando de las compañías primera m [...] pa. formar el batallón, y con las segundas, el segundo batallón mandando aquel el Comandante Mateo [...] enos y este el Capn. Juan de Mata.

Pregdo. en qe. se fundó pa. no haber [...] campamento de blanco sin de morenos asi pa. la infanteria como la caballería dijo: Que como la acción de su abuelo Joaquín Aponte en el Torreón de Marianao dio motivo al Campamt.o lo figuro de las tropas de su clase dejando al campamento de cavallería pa. los blancos pues no hay de morenos: Y teniendo gente sobrada pa. otra acción lo manifestó representando un Reximiento acampado.

Reconvenido sobre no haber pintado blancos en el campo del [...] a la caballería sino [...] oficiales negros a cavallo y con sentinelas de la misma condición dijo: Que nunca llegó a ocupar caballería el enunciado camp [...] qe.

aunqe. violentamente, de la [...] a la mañana pudieron pr [...] rarle los propios morenos [...] es qe. se han figurado en el estos, y no los otros.

Pregdo. con qe. intento se puso al remate de la pintura parte de la ciudad de la Havana toda sin fortalesas [...] ana no guarda proporción la distancia entre estos y el torreon ni se ven caminos qe. fuien a ella dijo: Que lo hiso pr. qe. siempre en estos casos debe contarse con el principio de donde salen las Tropas y fue la única rason que tubo para concluir el país [...] dhos. campamento en el modo qe. aparece: advirtiendo qe. lo [...] al pie de los Reyes [...] no de la Sala del Palacio figurando a la izquierda el Dios Apolo y despues sus tres hermanas Caliope Clio y Melpomene, y en el papel blanco qe. media entre uno y otro era el lugar destinado para las pinturas de qe. abló antes el declarante quando expuso que quería dar a luz este libro y presentarlo al Rey valiéndose pa. ello del Exmo [...] señor Presidte. Govr. y Exmo. Ayuntamt.o En este estado se suspendió la declaración para continuarla segun convenga qe.

firmo con el asesor doy fe.

Licdo. Nerey
José Ant. Aponte

Ante my
Ramón Rodríguez

...

En el Castillo de Sn. Carlos de la Cabaña en veinte y nueve de Mzo. de mil ochocientos doce años ante de Liodo. don José María Nerey se hizo comparecer a José Antonio Aponte pa. continuar la dilig.a que quedó pendiente [...] a cuyo efecto se le tomó juramento qe. lo hizo en fra. dispuesta por dro. bajo del qual ofreció decir verdad y examinada entra la explicación de los numeros pintados qe. se contienen en dho. libro se le dió principio en la manera sigte: El num.o treinta y cuatro en la esfigie del Sor don Felipe Quinto cuyo semblante se halla demasiado trigueño por ser vieja la estampa de donde recortó el rostro para pegarlo en el papel y demas, la fabrica del palacio Real.

El treinta y cinco: significa el sueño por una dama qe. tiene recostado sobre su cuerpo un hombre dormido.

El treinta y seis indica la edificación de Roma, por Romulo su primer Rey: el campo Marcio con algunos soldados vencedores a las puertas de la Ciudad Casas de los Reyes el coloso de Apolo, puerta de San Pablo y sepulcro de Cayo Sesto.

El treinta y siete comensado por la segunda representa al Papa Clemente... con un Cardenal y otro religioso de la orden de San Benito ambos morenos, el primero nombrado Jacobo y el segdo. sin nombre y bivliotecario de su Santidad.

Preguntado en qe. tpo. y porque ocacion fueron estos dos negros Cardenal bibliotecario Pontífice, dixo: qe. no puede señalar el tpo, ni la ocación de lo que se le interroga porque no lo ha leido y lo sabe solo por conversacion.

Preguntado con quien tubo la conversación a que se refiere en su respuesta in [...] ta dijo: que haviendo venido a esta Ciudad de España un negro cuyo nombre ignora, el qual tenia el libro de la historia gral. y le instruyó a cerca de ambas figuras en razon de hallarse el declarante formando entonces esta pintura: qe. el qe. absuelve ha leydo el libro de la vida de San Antonio Abad, donde hay mucho de lo figurado en este papel: y la guia de forasteros de Roma en que se da noticia del Templo qe. exciste en la misma Ciudad titulada San Estaban de los Yndianos detras de la Catedral de San Pedro lo qual demuestra la parte superior del numero que se explica acia la derecha.

Reconvenido: acerca de lo inverocimil qe. es la ignorancia del nombre del negro qe. le anuncio el pasage de historia relativo al Cardenal y bivliotecario mas no cuando por esta circunstancia de presentarse qe. lo trató mas de lo que dá a entender en contestación anterior dijo: qe. se remite a ella pues del mismo modo que con aquel individuo le ha sucedido con otros cuyos nombres no ha sabido aunque han conversado.

Los cardenales, acompañados del Gral. franciscano y el de San Bernardo qe. aparecen en su interior acia la parte izquierda salen a recivir al obispo de la india oriental pintado mas adelante debajo del Templo de qe. hablo arriba el qual viene asociado de varios familiares seculares y eclesiasticos todos morenos = Los dos religiosos mas proximos a los Cardenales uno Dominico y otro de San Benito son A.A. de la verdad de la historia qe. le explicaron nombrados Fray de Urreta el primero, el segdo. el Padre Alvares = El otro cardenal figurado en una puerta está pa. el recivimto. indicado en unión del Duque de Florencia mas cercano a su persona [...] de Toscana un poco mas retirado [...] [...] tiendo y el Padre Alvares del orden de San Benito era moreno.

Preguntado a que alude la palabra [...] ca escrita en una columna [...] Puerta junto al que llaman Duque de Florencia: dijo: que sin embargo de aparecer aquella voz, lo que indica es Florencia aunque no con todas sus letras, como se nota en el otro letrero de Toscana; porque unida la F. con la L, resulta una FL.

Siguen a la derecha del mismo numero treinta y siete el Padre Pereira Carmelita, el Padre Obiedo Jésuita qe. fue preposito de lengua latina en Abicinia continúa la pintura de un Cardenal deteniendo a los Padres Jesuitas Yllescas y Maseo con su conductor, porqe. eran contrarios de los de Abicinia = Sigue una puerta fabricada por el sumo Pontifice Pío quarto y el Templo de Santa María del Pueblo, a cuya puerta estan tres morenos en trage de eclesiasticos.

Preguntado con qe. objeto se pintaron esos con semejantes vestiduras, y si en Roma donde ha dho. existir el templo los hay, dijo: qe. se colocaron alli como el lugar propio de sacerdotes; y que se persuade los hay de esta condicion por haver oido a los reverendos padres Fray Diego de Soto y Fray Rafael Miranda a su vuelta de Roma referir qe. los vieron en un concilio a que asistieron predicando la Basilica un moreno que traía el Gral. de Abicinia qe. tambien concurrió: con la advertencia de que no oyó el declarante inmediatamente a los Padres Soto y Miranda sino a otros qe. lo conversaban como referido por aquellos = Está despues la pintura de un Religioso de la orden de Predicadores con el Nombre de Tomas y de color moreno el que al fue Prior del convento de San Esteban de los Yndianos edificado por Clemente undecimo pa. individuos de esta clase, como consta en la guia citada de la propia Ciudad. Mas adelante se ven dos negros con los nombres de Tom [...] y Marcos y son peregrinos segun manifiesta el vestido y cruz en la mano; uno Borlado en canones y Leyes, y otro en Teología y Filosofía, cruzados tambien con la de San Antonio Abad = Al fin está el Padre Sandobal jesuita y autor qe. testifica con los demas, la realidad de los referidos individuos morenos = Concluye la estampa o pintura con dos embarcaciones la una que los condujo, y la otra de Moros apresados.

 El numero treinta y ocho contiene el coloso de Rodas, y el quadro sobre su cabesa el ser la quarta maravilla = Las figuras sobre puesta anuncian el pasmo y admiracion del mismo coloso Poblaciones, mar, un castillo, y una pequeña casa donde termina el pliego.

 El treinta y nueve representa la Diosa Venus con su hijo Cupido junto a un Torreon que es su morada y una muger a la puerta nombrada Calia qe. la guardan = Siguen de sobrepeustos Eufracia y Apolo: una embarcacion con tres palos donde se figura Cupido atado a la razón Qe. es el palo mayor fingiendo mal de celos con el color amarillo, el asul amor ausencia y esperanza con el oro y plata como logro de ella = Acaba el numero con el Dios Neptuno.

 El numero quarenta significa la primera maravilla con el uno arriba, y es la Ciudad de Babilonia, Semiramis qe. reynó despues de Nenrrot = Daniel en el lago de los Leones = Mor [...] at, Nabuco, Donosor los tres niños del Horno = [...] al [...] de la pintura el alcangel San Migl. destruyendo la soberbia del mismo Nabuco.

 El numo. quarenta y uno representa el Templo de Diana en Efeso fabricado dentro de un lago a la isquierda el Emperador Tirio, y el asi figurada a los pies; la moda: la pintura: Euterque con la lid: Arriba Meduza: Liria y Sirene sus hermanas, Perseo que la buscaba pa. cortarle la cabeza: la Ciudad de

Efeso, y puertos inmediatos = Debajo de Diana, y de Desón esta Analipe y las Amazonas con un numero cinco indica ser la quinta maravilla = A la derecha Marte, y Palas, la carpintería y la primavera, las quatro ninfas de Venus, y cupido danzando en medio de ellas que desembarcó de la nave también pintada mas adelante con una bandera que tiene cuatro ases y demuestran el baile de cupido pa. qe. no se oigan los clamores de Andrómeda en cadenas qe. se ve encima de Marte custodiada Hidra y acaba todo con el palacio de Neptuno hecho de cristales en el fondo de las armas.

El quarenta y dos: las piramides de Egipto con el numero seiscientos ochenta y dos al pie; y el quinientos arriba denotando su sircunferencia y altura = La figura de la izquierda demuestra la mortalidad incorruptible de los cadáveres qe. existen en el campo Sto. compreendido en toda esta pintura = Sigue representada la niñez y buen pensamiento. Continua los Pantiones qe. guardan los piramides y acaban en una mesquita.

El numero quarenta y tres es el campo santo de Na [...] donde Jesus-Cristo obro el milagro con el hijo de una viuda figurados todos allí con parte del pueblo = mas a la derecha esta un sepulcro Real de Bosca Rey de los Sextas qe.

mandó poner junto a él, un cipres para recordar la muerte de su hija Siparisa enterrada allí; lo qual denota la figura de un esqueleto colocada en el sepulcro. Acaba el pliego con una hermita del mismo Campo Santo.

El numero quarenta y quatro primero: la Ciudad de Alexandria con la Isla de Farros y Torre qe. mandó fabricar Alexandro Magno, segunda maravilla y es lo qe. explica el numero dos a su pie = Sigue Egipto con la casa de David, y la Urias: Campo de Gervoea y Montañas de Gerusalén donde están, un hombre y una muger sus havitantes = Un Angel con la espada levantada señalando el templo de Salomón qe. se halla debajo con las naciones qe. despreció quando vino a las puertas de Jerusalén a recibir la Reyna Sabá como aparece pintado mas adelante y la Reyna tambien con acompañamto. y varios animales; la qual se detuvo al pasar un río pr. haverle formado el puente con maderos qe. havian de servir a la redencion = Se representa el Castillo [...] Mero con dos Generales a la puerta, y arriba caballeros de San Antonio Abad morenos, acompañado de los Portugueses maestro de su Disiplina = Desde aquí empieza la divicon. del monte Solagar; algunos

105

negros conduciendo camellos cargados = un cazador de flecha, Elefantes, un negrito jugando con un Tigre = Sigue una pintura grabada y sobre puesta con un hombre y una muger atados a dos maderos, y tres negros, el uno en movimto. de dar golpes al hombre blanco, y los otros atizando fuego donde parece asaban alguna cosa = Mas a la derecha está la Ciudad de Saba en donde era Patriarca Jacobo negro cardenal, segun se representa mas adelante, natural de Abicinia y cerca de él un religioso de Sto. Domingo tambien moreno del convento de Benaliges, el qual fué muerto por el Rey moro, pintado al fin del pliego con motivo de haverle predicado aquel religioso contra su concuvinato: pero recivió el castigo del cielo ocn tres rayos.

Preguntado con qe. objeto colocó el declarante la figura de los tres negros en acción de quitar la vida al hombre, y la muger Blanca; supuesto qe. de los paises tomaba lo conveniente a su idea, dijo qe. no llevó otra sino demostrar qe. el monte nominado era de bandidos, donde frecuentemente se cometían iguales exesos.

El numero quarenta y quatro segdo. empiesa con una armada donde se transportó el Rey negro nombrado Tarraco qe. se figura más adelante; el qual invadió a Tarragona de donde tomó este nombre: aparece con soldados negros algunos con botas encarnadas, todos con lanzas y Espadas llevando seis banderas amarillas = Debajo de la armada aparecen un exercito con su letrero qe. dice asi SANAGUERIN que manifestó el qe. absuerve ser el de Senaqueril derrotado por el angel.

Preguntado de que modo sabe que huvo tal Rey Tarraco qe. tomó a Tarragona dijo: qe. del libro de San Antonio Abad leido por el declarante y noticias de la Historia universal.

Preguntado si el letrero TARRACO al pie del Rey negro explica el nombre de el, o qe. significa contestó: qe. asi se llamaba el indicado soberano.

Preguntado en que parte de estas pinturas está figurada la Ciudad de Tarragona dijo: qe. no se ha demostrado en este pliego la referida Ciudad sino solo la armada qe. condujo al Rey y sus tropas cuyas insignias de banderas amarillas y leóns. negros con cruz encarnada son las qe. usan los de Abicinia.

Reconvenido por que mescló la destrucción del exercito de senaqueril con la invacion de Tarragona no teniendo conexion una y otra dijo: que aun-

que no juegan ambos sucesos, puso lo de senaqueril por razon de Historia como todo lo demas del libro: y están dibididos los lugares por un mar ancho aun sin embargo de parecer estrecho en la pintura.
 Preguntado qe. significan las botas encarnadas qe. llevan algunos soldados del exercito de morenos, dijo qe. aquellos son los gastadores.
 Continua el numero con el monte Nubia en qe. se ve a San Mateo en tra. de hermintaño convirtiendo dos negros vandoleros qe. havitaban en el solagar = Sigue el palacio del Rey Egipo padre de Sta. Efigenia y del Rey Eufrón pintados, la primera conducida en andas por quatro morenos y el segdo. sentado en su solio de cristal = Se presentan en un templo nombrado la resurrección varias monjas morenas el qual fué fabricado en treinta dias por San Mateo = Este se vé a un lado convirtiendo las mismas negras y San Paulino de Nola del propio color = Mas arriba se advierte a Ytarco primo de Sta. Efigenia qe. quiso casar con ella: pero haviendose opuesto San Mateo lo mató o intentó matar Ytarco a puñaladas: a la Yzquierda de este se vé Nembró a la derecha a Abalian Apostol ordenado por San Felipe = En lo inferior aparece un negro lego de San Franco, junto a un pequeño Convento; y mas arriba a Yclimanote también moreno = Sigue un castillo chico de la poblacion de la Nubia; y despues del Rey Desipron havitaciones del mismo parage.
 El numero quarenta y seis (pues el quarenta y cinco, queda explicado ya en el antecedente) y el quarenta y siete, manifiestan al medio y en la parte de abajo el grande Abad de los Caballeros de San Antonio y un obispo de la Yndia oriental, David Principe hijo de Sta. Elena; de la misma region Sn. Juan Abad de los monges de la Tebaida, con otros compañeros del obispo y Grande Abad al pié de una columna figurando ser su pedestal: sobre la qe. está colocada una imagen de Ma. SSma. de Regla y a sus pies la fé qe. coronan dos negros en señal de abrazarla y defenderla; con el Rey Moriacatapa y su pueblo a los dos lados = En la izquierda junto a la virgen aparece San Manuel, Sta. Elena, y Moyses: a la derecha San Benito de Palermo, Sta. Cerma, y San Yliseo. En lo inferior de la pintura de estos pliegos hay cinco figuras blancas en los montes de Almenia haciendo vida de Anacoreta quatro, y la otra es de Jesu Cristo con la obeja al hombro como buen pastor = Arriba si pinta el arco y monte donde quedó desps. el diluvio = acia la derecha está

una columna y sobre ella una figura sin brazos y es la estatua de Nebrión representando la Justicia qe. no debe tenerlos pa. no recivir nada con ellos; al pie de la columna se ven dos morenos: luego San Pedro de San Salvador: San Antonio Cartajirona Sta. Ufrasia San Paulino de Nolas San Felipe Martin cortando la cabeza con una espada qe. le dió Sn. Miguel a un Rey blanco por blasfemo: San Serapión: San Ete... ver; y concluye la estampa con un Templo havitaciones de la Avicinia parte de la Persia, y el mar rojo.

Preguntado de qe. mano está escrita la inscibcion del libro qe. tiene delante el obispo, y empieza nigra suns, pues el declarante ha expuesto qe. no entiende latin dijo: que el mismo lo escribió con los nombres de los Stos. indicados: y sacó las palabras nigra suns, con las qe. siguen en un librito de alabanzas a Maria SSma. entendiendo qe. significan ser negra, pero la mas hermosa.

Preguntado si el qe. absuelve solo pintó las imagenes dijo qe. algunas y otras un muchacho morenito conocido del declarante cuyo nombre es Trinidad ignorando su apelativa, y donde vive; pero lo ha visto trabajando en una tienda de pintor en la primera accesoria en la casa de Da. Mariana Barroto viniendo para la punta qe. quando este le hacia las estampas era en la referida tienda y qe. todas las figuras sobrepuestas qe. no son grabadas las ha hecho Trinidad y los demas el declarante.

Preguntado qe. significa la bandera blanca con la Efigie de Maria SSma. en la mano de San Eliseo: dijo ser de nuestra Sra. del Rosario de quien era defensor este Sto: advirtiendo qe. por olvido no se explicó antes la imagen de San Eleva [...] y quarenta martires qe. hizo Luma [...] Rey de la Arabia, el qual está a los pies del primero en cituacion de herido; porque regresando el Sto. de sus viages lo encontró cargado de cadenas qe. se havia puesto el mismo, de cuya boca oyó la degollacion de sus quarenta religiosos, y entonces le quitó el propio Sto. la vida con el asta de la bandera, qe. termina en fra. de saeta, y es amarilla con Leon negro y Cruz encarnada segun se veía en el convento de la Havana quando se le daba mas culto qe. ahora.

El numero quarenta y ocho demuestra el templo donde fue labrada la estatua de Jupiter Olimpico sentada: pero haviendo reflexionado Fidias qe. en esta actitud romperia el techo al pararce, Tideo formó otra en pié y es la tercera maravilla como indica el numero tres puesto debajo: siendo lo demas de esta pintura un adorno.

El numero quarenta y nueve al medio en el maseoleo qe. mandó construir Altemisa pa. su Esposo, el qual es la sexta maravilla y acaba en la parte superior con un carro tirado de quatro caballos = El resto de la pintura son las havitaciones de la Ysla de Carias y Templo de venus.

El sinquenta representa a San Mateo provellendo de Diaconos las Yndias orientales, dexando sacerdotes tambien, y obispo, qe. se ven figurados a una y otra parte con varios musicos, negros todos.

El numero sinquenta y uno manifiesta la China.

El sinquenta y dos tiene a la izquierda a Morfeo Dios del sueño y de la muerte = Despues estan Proserpina Esposa de Pluton pintado mas adelante en una silla con una manzana en la mano, el aguila y la muerte qe. son sus atributos: Sirinja = Arriba se ven tres enemigos del alma y abajo con Proserpina tambien Marte = A los pies de Pluton se ve el rio Leteo.

El numero sinquenta y tres manifiesta las lagunas del infierno segun las fabulas el canseaverio los siete vicios capitales y el robo de Proserpina por Pluton.

El sinquenta y quatro es sobre el mismo robo.

El numero sinquenta y cinco havitacion de Ceres la qual esta figurada mas adelante con una antorcha buscando a proserpina = Despues se demuestra con un hombre y una muger qe. danzan el trigo y la espiga: y concluye con adornos de la misma.

El numero sinquenta y seis se presenta el punto de medio dia por Uraña Diosa de la Astrologia.

El sinquenta y siete Polinia Diosa de la memoria.

El numero sinquenta y ocho Euterpe Diosa de la musica. La ninfa Endey y el Rey de Agina Ealo: [...] Un Angel trayendo en las manos palmas y coronas en ademan de baxar a donde esta la Diosa.

El numero sinquenta y nueve Tersicora y Difiliz y un musico. El sesenta representa Merpomene Diosa de las batallas.

El sesenta duplicado Atalia en la comedia.

El numero sesenta y uno denota a Erato uniendo voluntades.

El sesenta y uno duplicado a Clio prefiriendo la historia al amor qe. Cupido pretendía siguiese.

El numero sesenta y dos Caliope Diosa de la ciencia con una decima en la mano y coronandola un Angel.

El sesenta y tres manifiesta el monte parnaso con las musas y los baños de Agripina.

El sesenta y quatro figura a Momo Dios de la murmuración bailando una muñeca mientras unas damas sirven a este Dios.

El sesenta y cinco astucias de una Dama pa. lograr su matrimo. El sesenta y seis es continuan. de lo mismo.

El sesenta y ciete la embidia con capa de amor representada en un niño aqn. quitaron la vida pretestando alagarlo.

El sesenta y ocho el Monte Asperi [...] y E [...] les en el matando la sierpe. El sesenta y ocho duplicado odio de la Diosa Juno contra Hercules que ahogó en la cuna dos serpientes de donde se hiso Dios de las fieras = esta tambn. Anfitrion y almana madre de Hercules.

El numo. sesenta y nuebe es el paso donde Minerva convirtió en Araña la Donsella que hilaba en la Vueca.

Sigue la Pintura del templo, y en un Pliego unido danzan Apolo y Clorida al son de una flauta.

El numero setenta; muerte de Priamo pr. Pirro al Pie del Altar = Las Diosas Minerva, Juno y Venus y a los otros como Ea [...] ba esposa de Tria [...] esposa de [...] accidentadas a la entrada del Templo.

El numo. setenta y uno sacrificio de Poligena sobre el sepulcro de Aquiles el ql. impide la Luna bajando.

El num. setenta y dos incendio de Troya, Eneas salvando a su Padre, Ulises viajando a Ytaca su patria: Y la sirena queriendo impedirlo con su canto; el qual evito aquel tapandose los oidos = El robo de Elena pr. Paris de donde nació la grra. de Troya = La disputa de la manzana de oro entre Juno, Venus y Minerva = La ninfa Enone muger de Paris, un Leon bajo de un bidrio figurando una puerta por donde entro el rallo del Sol al lecho de Venus, y agraviando Marte con su [...] go Electrion pr. haverlo consentido lo convirtió en Gallo.

Preguntado sobre un medio Pliego de papel suelto donde estan dibujados cincos Eccos. Dixo que en estos se iban a figurar los Yndibiduos que componen el Cabildo ecco. con el fin de representarlos con los demás Pres [...] pr. cuyo medio se havia de dar a luz el libro hayandose evacuada aqui la explican. de todas sus pinturas dispuso el Asesor quedase la declaran. en suspenso a recerva de continuar en los terminos convenientes, exponiendo Aponte ser la verdad y firmo con el dho. Asesor doy fe.

Licdo. Nerey
José Antonio Aponte

Ante mí
Ramón Rodríguez

José Anto. Aponte

En el Castillo de San Carlos de la Cabaña en treinta de Mzo. de mil ochocientos doce años ante: el Licenciado don Jose Maria Nerey se hizo comparecer a José Antonio Aponte pa. continuar la declaracion qe. se le esta reciviendo y el reconocimto. de la Rs. Cedulas nuevo libro y demas qe. se recogieron por decreto de veinte y siete del corrte. conforme a la diliga. qe. le sigue a cuyo efecto se le recivio juramto. segun dro. baxo del cual ofrecio decir verdad y le fueron las preguntas siguientes Preguntado si la imagen de nuestra Sra. de los Remedios con adornos de papeles verdes es la misma qe. tenia el declarante en su casa destinada para colocarse en el estandarte qe. iba a hacerse con las dos varas de platillas nueva qe. le envió Maroto con José del Carmen Peñalver, como ha manifestado en una de sus contestacions. anteriores: dijo qe. es la propia estampa a qe. se ha contraido el qe. absuelve.

Preguntado si las cintas qe. se le han puesto a la vista son tambien las mismas qe. le llevó Salvador Ternero pa. adornar la Ymagen de Nuestra Sra. quando fuera colocada en el estandarte segun ha expuesto igualmente. el qe. contesta, dixjo qe. son las mismas.

Preguntado qual era la empresa qe: lo trataba de lograr por el qe. declara, Pacheco, Maroto, y los otros a quienes aconsejó invocasen la protexion de la Virgen pa. el acierto fixando en el estandarte blanco su imagen dixo: qe. en diversas ocaciones qe. concurrieron a la casa del qe. contesta José del Carmen Peñalver Franco. Xabier Pacheco y Clemente Chacon pral. autor de la conmocion qe. se intentaba: y eran los qe. frequentaban mas la indicada su casa porque Maroto fue con ellos una o dos veces: les oyó conversar sobre el proyecto de dar fuego a las havitaciones extramuros con la idea de trastornar las gentes por medio de un levantamto. a cuyas proposiciones les hizo ver el declarante las consequencias qe. resultarían contra sus mismas familias, quedando oprimida y destruida del propio modo qe. los demas a quienes querian perjudicar: que como insistiesen en aquel pensamto. y en formar banderas al caso, procuro el qe. responde impedirlo dandole el consejo del estandarte blanco y de implorar el axilio de Maria SSma. persuadido a qe. asi se evitaria la execucion del iniqüo designio supuesto qe. la Virgen no puede permitir lo malo: qe. posteriormte. bolbió a proponer Chacon al qe. contesta la continuacion de su idea asegurandose qe. en las montañas de Monserrate, (cuyo sitio ignora) estaban sinco mil hombres dispuestos a venir en su socorro pa. el sitado levantamiento; lo qual le havia comunicado un amigo suyo pr. carta; y aunque el declarante se la pidió repuso Chacon qe. la habia leido y guardado: y qe. los dos Generales qe. iban a mandar aquellas tropas, eran tambien sus amigos, y havian salido de aquí condenados a presidio: qe. viendo Chacon qe. por estas insinuaciones nó conseguía inclinar al qe. contesta su partido, le manifestó qe. tenía tambien por amigo un moreno secretario del Brigadier de la misma clase qe. esiste en la Casa Blanca; el qual era embiado del Rey Cristobal Negro de la Ysla de Sto. Domingo, como de toda su confianza para promover el levantamto. y quando mas fuese necesario haviendose impuesto Chacon de las facultades qu. trahia, segun conto este al declarante una noche qe. aquel durmió en su Casa; pues recogido yá y desnudo fue a llamarlo su hijo Juan Bta. Lisundia pa. qe. viese las insignias y papeles qe. ocultaba el secretario debajo de la Chaqueta de marinero qe. vestía; como efectivamente las vió: que esta relación las hizo Chacon al qe. absuelve la mañana sigete. a la noche referida de haver dormido en su casa qe. lo conduxo a la del qe. responde, y le instuyó de todo; añadiendo qe. pues el declarante havia disuadido a sus otros compañeros Peñalver, Pacheco y Maroto, con Pilar Borrego, qe. una sola ocacion fue a la havitacion del qe. absuelve y lo llevó José Del Carmen Peñalver diciendo qe. era pa. agregarlo a su partido: él solo, esto es, Chacon, su hijo, y el negro secretario, bastaban, pues él segdo. era un Leon y tenia ganados veinte y dos Yngenios de la vuelta arriba de los quales conocía muchos por haver trabajado en ellos y qe. lo havia venido a buscar tres negros con quienes expuso que havia tambien embiado al secretario y a su hijo; dexandole encargado el primero qe. luego que saliera para el campo fuese regando su ropa de marinero desde el muelle de caballeria hasta el campo de Marte como lo practicó el mismo Chacon porque tratando de comicionar a Pacheco la diliga. no pareció que a causa de hallarse ocupado en el servicio del Rey.

Preguntado quantas ocaciones estuvo el secretario del Brigadier de Casa Blanca en la del declarante a más de la indicada en su anterior respuesta con quien fue a qe. horas, con qe. fin y qe. materias se trataron, dijo que lo bolbio otra vez solamte. a su Casa vestido de casaca de paño azul y centro blanco, pues en la primera llevaba trage de morineros: y en esta ocacion enseñó al qe. contestados proclamas impresas y una manuscrita pa. qe. las leyese: pero el declarante no quiso imponerse de su contenido, se las devolvió prontamte. y les brindó tortillas y pan: despidiendose Chacon pa. ir a Casa Blanca con el secretario a tomar el permiso de los oficiales.

Reconvenido sobre el consejo qe. dió el declarante a Chacon, Maroto, Peñalver y Pacheco de qe. pusiesen la imagen en el estandarte pa. el acierto de la empresa; pues en sustancia era esto influir a ella y animarlos al levantamto. qe. ya sabia el declarante se proyectaba, y era el único designio meditado como ha expuesto, y tanto mas quanto les inspiraba un medio poderoso en sus consejos qual era la protexion de la Virgen particularmte. quando aquellos pensaban en hacer banderas, y el qe. absuelve le propuso qe. las omitiesen colocando a Nuestra Sra. en el estandarte blanco; dixo qe. no les aconsejó invocasen a la virgen pa. nada malo, sino pa. qualquiera cosa que se ofreciese util al profano como lo dá a entender el color del insinuado estandarte, porque aunque nunca llegó a formarse, el blanco anuncia paz: esperando siempre el qe. contesta, se destruiria el intento malbado por su soberano patrosinio, segun ha sucedido.

Reconvenido a cerca de no haver dado parte a los Jueces de tan horroroso proyecto como era de su obligacion para contribuir a precaverlo en tiempo quando tuvo tanto en las repetidas veces qe. se trató en su casa el asunto; pues el silencio en esta materia lo arguye Correo dixo qe. jamas ha incurrido en la vileza de denunciar creyendo cumplia con su cooperacn. del efecto, aplicando el remedio de Maria SSma.

Preguntado quienes eran los tres negros qe. Chacon le dixo haverlos venido a buscar de los Yngenios, respondió qe. no le oyó el nombre de los negros; ni de las haciendas, y qe. tampoco los vió.

Preguntado a qe. hora fue a su Casa el secretario las dos ocaciones qe.

a dho. qn. lo acompañaba, y qe. se conversó, respondió qe. en ambas lo llevó Chacon entre seis y siete de la mañana; haviendo tratado solo la primer […] de […] señar el declarante las proclamas la segunda tomar tortillas y pan, anunciando Chacon iría a Casa Blanca a pedir la venia a los oficiales qe. estaban allí, pa. qe. marchase al campo el indicado secretario.

Preguntado como le dixo Chacon se llamaban los dos Generales amigos suyos qe. debian mandar los cinco mil hombres de las montañas de Monserrate contestó qe. sin embargo de haverselos nombrado, no los recuerda, porqe. miraba a estos asuntos con indiferencia.

En este estado se le pusieron de manifiesto las tres reales Cedulas que en copia o borrador corren unidas en este expediente, y son en sustancia de un mismo tenor; para qe. las reconosca, y exponga si son las mismas que tenia en su casa el declarante, y se aprehendieron con el libro de Pinturas que ha explicado antes Dixo: que son las propias, y que Jose Domingo Escobal sargto. retirado del Barln. de moreno que viven en la carpinta. maestro Lanes junto a la carniceria facilitó al que absuelve una copia de esta, y otra de una donde se habla del Monte Pio de las viudas las quales hizo transcrivir el qe. contesta por un aprendis suyo nombrado Agustin Sta. Cruz que debe existir tambien en la tienda del maestro Lanes = Que como Escoval era amigo del Capn. de moreno Cristoval de Zayas, que fue el que costeó, y ganó quince Rs. Cedulas en la disputa que tuvo sobre la formacn. del regimto. parece haver conseguido la copia que proporcionó al que contesta: Que igualmte. ha concervado en la memoria algs. que ha oído [...] en el Batln.

Pregdo. si el quadro con marco de evano y bidrio que se le pone a la vista y se encontró en su casa pr. el preste. Essno. o. qe. da fé de ser el mismo; es de su prop [...] expliqe. lo que representa Dixo qe. es suyo y la alegoria de sus pinturas y colocadas pr. su mano, es qe. la muerte lo destruye todo menos la Prudencia.

Pregdo. sobre el Plano en pergamino que incluye varias Yslas y costas, es suyo dando tambien fe Yo el Esno. como en el antr. y conque objeto lo concerbaba Dixo que es del declarte. sin otro fin que tener cosas curiosas.

Pregdo. si las ocho figuras con inscripcions. en Ydioma Ynglés son tambien de la propiedad del que absuelve Dixo que si.

Pregdo. si los dos pliegos de papel unidos donde estan pegadas varias figuras y otras sueltas es igualmte. suyo Dixo que si y es el mismo de que hablo en su declaran. pa. presentar el libro de Pinturas qe. explicado al Exmo. Ayuntamto. cuyos miembros estan figurados con el exmo. Sor. Presidte.

Pregdo. sobre dos Planos identicos de la Habana y su Bahía que se encontraron en la casa del deponte. y de que doy fe Yo el Esno. conqe. idea tiene Dixo que no ha llevado otra sino recoger curiosidades como esta, que entre las demas, conservaba.

Pregdo. acerca de unos Planos de Batalla que se hallaron dentro del libro forrado en ule de que doy fe Yo el Esno. Dixo qe. son del declarante y corresponden a uno de los quatro tomos de odenanza que deben existir en su casa de donde seguramte. los arrancarrian.

Pregdo. en orn. aun Quanderno con [...] a pte. de otra manuscrita qui [...] de [...] se llanas, y tres estampas pegagas una de Nra. Sra. de los remedios otra. del Sor, de la Sentencia, y otra de Ntra. Sra. de Guadalupe que se advirtió estaba suelta, y haviendosele leydo lo que incluye Dixo ser una Rl. Cedula relativa a congregaciones, ermandades y Cofradias que concerva como diputado de la Ntra. Sra. de los remedios, pr. lo ql. puso en el Quadno. su Ymagen, y la del Sor anexa a la propia cofradia estando guardada como podría serlo en otra parte la de Guadalupe.

Pregdo. sobre una lamina con vivoras, cetro y corona Rotos, y otra entera llena de llamas Dixo que estaba entre sus otros papeles y se dio en tpo. de la rebolucn. de la francia un hombre que aora no recuerda.

Pregdo. sobre la efigie del Gral Guasinton Dixo que igualmente. es suya la guardaba como qualq. otra cosa curiosa.

Preguntado en orden al libro forrado en ules qe. incluye la figura de Enrique, quarto Rey de Francia; ocho estampas de ornatos de algunas Casas de España, con otras de distintas artes Palacio, de Roma, de Arquitectura Sirugia, Geometría y Escultura de qe. es de la propiedad del qe. contesta y tenía en su casa, dando fé yo el Esno. de ser el mismo qe. se recogio tambien a consecuencia del citado decreto donde tambien agregó el declarante la figura del Sor Gravina pintada toda de su mano; una estampa de ornato: qe. igualmente dibujó y puso colores a una figura del Rey de Prusia otra del emperador de Rusia y el príncipe Carlos de Austria: si que un colunnario pa. la estatua ecuestre de S.M. y el retrato del Sor. don Fernando Septinio antes de buril: algo impreso con relacion de los ornatos cuyo libro deshizo el que responde dejando los mapas: que la figura qe. se ve despues casi toda recortadas de paices indica la confederacn. del Rin mostrandose a caballo pintados pr. el qe. absuelve el emperador de Alemania y su Gral Laudón qe. asistieron a la confederacion: qe. el papel suelto donde [...] un pavellon y a parte el mismo Emperador con su hijo y Bonaparte: y qe. concluye el libro con el Rey de Ynglaterra, y entrada del Rio Tamesis, pegada al ule la figura de Polemarca.

También se manifestaron al declarante los paices de abanicos y demas menudencias qe. se recogieron en su casa y dijo qe. todo estaba en ella con las ideas que dexa expuestas en sus contestaciones anteriores.

Preguntado si es cierto mostró a Clemente Chacon tres quadritos, uno de Cristobal Enrriques, otro del Gral. Salinas, y otra de un Gral. cuyo nombre no recordó rotulados con letra de morde, como auguró el mismo Chacon en una de las respuestas de su declaracion qe. obra en este quaderno: añadiendo qe. el qe. absuelve le refirió haverselas remitido de la Ysla de Sto. Domingo dixo: que es verdad enseñó a Chacon el retrato de Cristóbal, el de Laubertú el de Salinas, y el de Juan Franco. qe. fue a España; morenos Franceses todos: pero ninguno estaba con marco rotulados en letra de morde: sindo falso que el declarante huviese anunciado qe. se le embiaron de Sto. Domingo pues la de Cristobal y la de Juan Franco. fueron copiadas por mi mano de otras qe. vió las dos restantes grabadas haviendolas adquirido desde el tpo. de la Campaña de Ballajá entre muchas qe. vinieron a la Ciudad de la Havana.

Reconvenido como ha explicado el plano de la Ciudad de la Havana y sus Castillos el qual se halla entre las demas pinturas del primer libro, dando a entender qe. fué ignocente su formacion quando el mismo Clemente en otra de la respuesta de la declaracion citada qe. se ha leido al qe. absuelve como la anterior afirma qe. el declarante lo instruyó de tener sacada una copia puntual del referido plano con las entradas y salidas de las fortalezas pa. disponer con este conocimto. despues de varificada la revolucion y distribuir la gente en los puntos qe. conviniera dixo: qe. es falso lo qe. Chacon ha declarado en esta parte.

Reconvenido tambien a cerca de la colocacion del retrato del qe. contesta en el libro que supone havia sido sin ideas maliciosas; pues el nominado Chacon aseguró igualmte. por otra de sus respuestas qe. se ha leydo a hora al declarante. qe. su retrato estaba puesto allí pa. se supiese ser una persona grande el que absuelve, porque en el día destinado a la revolucion qe. se proyectaba le encontrarían hecho Rey dixo qe. todo es falso, y lo convense asi la situacion del propio retrato y las personas qe. tiene al pié del banco de carpintería botas de color [...] reg [...] tintero y conpaz.

Vuelve a reconvenir sobre el destino qe. ha manifestado se debia dar al estandarte blanco por consejo del qe. responde poniendo en el la imagen de Nuestra Sra. de los remedios, para el acierto de qualquiera empresa; [...] stra y arreglados pensamientos; quando el repetido Chacon asegura en otra de sus contestaciones haverle indicado el declarante qe. el estandarte iba a enarbolarse en la puerta de su casa, dijo: qe. igualmente es falso; remitiendose a lo que en el particular ha expuesto.

Preguntado donde existen las pinturas de Salinas. Juna Franco. Lauvertú y Cristobal qe. mostró a Chacon dixjo que las quemó por haver oído generalmte. (sin poder señalar persona) que eran estampas prohividas.

En cuyo acto se suspendió la declaracion dexando reservado continuarla si se estimare conveniente y firmo con el Asesor comisionado, de qe. doy fe.
Licdo. Nerey
José Ant. Aponte

Ante mí
Ramón Rodríguez

VIII
Documentos, Trunco, que trata de una conspiración de negros siendo el cabecilla Juan Bautista Lisundia. (Conspiración de José Antonio Aponte.)

25, marzo, 1812

Ternero y Aponte
En veinte y sinco de marzo de mil [...] doce años comparecio ante su Sria. el [...] vador Tenero de la nacionalidad vecindad que tiene manifestados aguien recibi juramento que hizo conforme a derecho, y haver avisado que tenia que adelantar [...] claracion sobre hechos que recordado [...] mando que los refiriera y lo hizo en forma siguiente: que hallandose preso en una de la [...] Carolina de la Carcel la misma en que llevaron para aquella a Jose Antonio Aponte, se le aparecio el Bartolinero que corria con la que ocupaba el que absuelve, persuadiendole que no confesara ni perdiera a otro, porque de lo contrario le redundaria perjuicio y se haria reo mediante aquel en los delitos tanta culpa tenia el que lo haria como el que lo encubria, y no lo delataba, y en el mismo acto le trajó a Jose Antonio Aponte y este le encargava que nega [...] que así él como Clemente Chacon ha [...] dado sus declaraciones, y ni le perjudica [...] y preguntandole si había visto la de Chacon, contesto que sí y que negaba a lo que dixo que estava bien y quedaba mi pues [...] despidiendome con el Bartolinero que no sabe su nombre. que es un viejo blanco con [...] barba larga y a la mañana siguiete le advirtió que yá habian llevado para avajo a Chacón y Aponte, y creyó que se habian condicido a la casa del Sñr. Auditor para que declaransen añadiendo el Bartolinero que Chacon se habla ido debiendole tres reales y el declarante le respondio que este es un picaro y que si hubiera sido Aponte, seria otra cosa porque es hombre de bien, y que supuesto que al tiempo que entro en la prision le habia entre [...] de oro, y un pañuelo se que [...] y otro y lo sacaria pagan [...] estubieran en livertad.

En este citado se dispuso que se cond [...] Antonio Aponte para que regur [...] la cita que se le hace y se estu [...] carcarse con el que está [...] te se recibio a aquel juramento que [...] dio y la crus y leido se lo que acava de exponer Salvador Ternero dijo que es cierto lo que refiere y acordes se concluyó este acto que leido expresaron en tan fielmente escrito, firmó Aponte, y por Ternero que manifiesto no saber lo hiso Vuestra Señorita• de que doy fe. (enmendado)

Ante mí
Juan de Dios Corona

• • •
En el Castillo de San Carlos de la Cabaña en veinte y sinco de Marzo de mil ochocientos doce años comparecio ante su Seria. el moreno Juan Barbier de la nacionalidad vencida estado y exercicio que tiene dicho, afr. yo el Escribano recibi Juramento que hiso conforme a derecho ofrecio decir verdad, y se le hisieron las preguntas siguientes: Inquiriendole continue la relacion que quedo suspendida la tarde de ayer, y había comensado a explicar en su declaracion dijo que habiendo venido a verle los negros del ingenio de Nicolas Peñalver la mañana que ha referido, lo hiso en su compañia [...] dia, y le expresó que aquellos eran con los que habia tratado y convenido guemar los ingenios de la Trinidad y otros. Quelos negros llama [...] Tomas y los otros Estevan, Baltasar, Tadeo, Matias, Marcial Reymundo y Tiburcio, que es carretero, y el mismo que estubo en la Chacón la madrugada que ha citado en su anterior y habló con aquel entonces con Juan Bta. Lisundia, y volvio por la mañana hablando al que absuelve preguntandole si Lisundia le había dado alguna cosa, y contestando que no, llegó este y le dixo que se fuera. En esto citados requiriendo el Cirujano que era, necesario la curacion del que esta declarando se suspendio para continuarla luego que concluya y habiendoselo leido expreso [...] fielmente escrita no firmo por no saber lo hiso Su Sñrita, de que doy Fe.

Presidente Ante mí Juan de Dios Corona BABIER En el Castillo San Carlos de la Cabaña en veinte y sinco de Marzo de mil ochocientos doce años comparecio ante Su Sria. el moreno Babier aguien yo el Escribano recibi juramento conforme a dicho ofrecio decir verdad, y continuando la declaración anterior que quedo pendiente dijo que habiendo llegado Lisundia al tiempo que el declarante estava conversando con Tiburcio, mando aquel a este que se fuera para el Ingenio que todo estaba dispuesto y preparado para quemar los Ingenios que fué el viernes trece del corriente al siguiente día, salio el propio Lisundia acompañado del que comenta, y encontrando al Estanislao Aguilar Casanova. Siguiero juntos para el Ingenio de la Trinidad, habiendo comido en una tabernita, yendo Aguilar prevenido por Lisundia como que habian hablado en la Habana para el efecto que llegando al ingenio de la Trinidad como a las nueve y media de la noche se fueron al bohío donde se vaylava: gue al otro dia por la mañana vinieron los negros gue ha referido del propio Ingenio y tambien tres del de Tibursio, nombrado Isidro de Casta Caravalí, Joaguin Congo y Juan Criollo, y juntos les expreso Lisundia, gue ya habia llegado el tiempo de lo gue habian acordado y resuelto de sublevar los negros, y gueman los Ingenios, y gue estubieran dispuesto para executarlo gue todos respondieron gue estaban prontos. En este citado se suspendio esta declaracion por sin necesario gue este reo evacuase una cita por antes el don D Rafael Rodriguez gue interesava en el guaderno de gue esta encargado y habiendose leido expuso citan fielmen. escrita, no firmo por no saber lo hizo Su Señoria de gue doy Fe.

Presidente

Ante mí
Juan de Dios Corona

Estanislao Aguilar
En el Castillo de la Cabaña en veinte y sinco de Marzo de mil ochocientos doce años, comparecio ante Su Señoria Estanislao [...] lar [...] color pardo de la nacionalidad vencidas estado y exercicios gue tiene derecho aguel. Yo el Escribano recibi juramento gue hiso conforme a dicho ofrecio decir verdad. y le fueron hechas las preguntas siguientes: Preguntando, haciéndole presente lo gue ha expuesto Dña. María Gertrudis Borroto en su declaracion de foxar no envia y una de haver visto dos a cavallo en el ingenio de Peña Altas al tiempo del fuego pardo el uno, y negro el otro, y gue le seguían como guatro mas a pie gue llevavan en la mano vagasos ensendido con lo gue pusieron fuego a la caña gue havia cortado en la casa de Ingenio, y reconocido gue el pardo habia sido el gue esta presente dijo gue guiere ahora manifestar la verdad de guantos ha ocurrido aserca del particular gue se inguiere, y de guanto pasó referente al fuego gue hubo en el ingenio de Peñas Altas, sin embargo gue no lo hizo en su anterior declaración, y se explico en la manera gue sigue. Gue viviendo en la calsada de Guadalupe inmediato a la casa de Juan Bautista Lisundía con guien tenia algun conocimiento, le convido este para gue fueran al campo a un paseo, y se nego por la primera vez por gue estava enfermo de un braso como lo está de resultas de un golpe, y cedió por ultimo a sus instancia gue habiendo salido Lisundía el sabado fue a la esguina de Tarrasco en enguanava siendo el punto gue determinaron para su reunion hayandolo en la taberna gue está a la salida de la Villa camino para los ingenios, acompañado, de un negro pegueño extrangero llamado, Juan Francisco, o Juan Fransua. Gue allí le dieron de comer y siguieron camino y habiendo andado como tres o guatro guardras, pararon y sentaron vajo de un arbol yendo a cavallo el declarante, los otros ha pies llegados al lugar citado le manifestó Lisundia la resolucion de gue iban a guemar los ingenios de aguella buelta, sublevan los negros de los mismos para gue consiguieran su libertad asegurandole gue Juan Francisco tenia contra para pelear y recorrer, y contabamos con el gue expone para esta empresa, gue el declarante se resistia manifestandoles gue estava malo del braso, y no tenía [...] poncion para la pelea, a gue repuso Lisundía gue no tubiera cuidado gue les acompañara gue continuaron su ruta y ya serca del ingenio nominado Tibursio, volvieron a pasar y descansar pasando la

noche sacanso en ese tiempo Juan Francisco papeles, gue llevava, Estavan en lengua, que leyó no comprendiendo lo gue decian por la primera ves, el inguiriendo su contenido le contesto Lisundia gue eran para la livertad de los negros. Sus levantandose y continuando para el referido ingenio, seañlava Lisundía a Juan Francisco gue habia en todas aguellas sin mediación, entrando en el de Tibursio en uno de los bohios de los negros gue no conoce acompañdo de aguel saliendose Lisundía a recorrer los otros bohios y solicitar varios negros de cuyos nombres no puede dar rason. Gue volvio Lisundía al Bohio en gue se hayava, y el dueño de el mayoral podria encontralos pasandose a otro Bohio de una morena inglesa gue hay en el propio [...] y no sabe como se llama gue entraron en el de está, y Juan Francisco estuvo conversando con la misma en su lengua por lo gue no comprehendió lo gue hablavan. Gue con lisencia de la misma morena entró en el guarto y salió vestido de casaca asul, y pantalones de Patente guitandose la ropa que habia llevado puesto y volvio alli aller los papeles presentan como guatro negros del propio Ingenio, e instruyendoles Lisundía gue eran relatibos a su livertad explicandoles la resolucion gue venían a executar de guemar los Ingenios, se mostraron muy contentos y festivos particularmente la negra Inglesa no pudiendo dar rason del nombre de los negros por falta de conocimiento gue de alli se fueron para el Ingenio de la Trinidad, y se encaminaron a un Bohio en gue tocaban atabales y vayló Juan Francisco, ignorando aguien correspondía aguel tocando Lisundía el tambor. Gue estando el declarante sobre un Banco pregunto al ultimo guando iban a acostarse, y poco tiempo fueron los tres a otro Bohio ocurriendo lo expuesto la noche del Sabado catorse del corriente y alli se acosto en un banco, guedando conversando Lisundía y Juan Francisco, y con otros negros del Ingenio gue no conoce, mandando el primero a los negros gue abisaran a otros ingenios manifestando gue estavan alli y a lo gue venia y le parece gue el aviso se comunico a los de Santa Ana y Peñas Altas, no pudiendo asegurar gue concurrieren, ni dar rason de los nombres [...] gue sera referido. Gue el dia siguiente gue fué domingo lo pasaron en el mismo Bohio viniendo con frecuencia los negros y conversando con Juan Francisco, y Lisundía y entre aguellos un moreno libre vendedor de Pan, tratrando siempre de la livertad de los negro, no sabiendo el nombre de este

123

gue llegaba la noche guexandose del braso el declarante le aplicó Lisundía un poco de aguardiente con una oja de tabaco para gue se le templara el dolor, y animondolo hiso gue montara su yegua, y en union del mismo, de Juan Francisco, y otros negros gue serian como catorce, comprehendiendo entre otros Estevan no sabiendo el nombre de los otros, se dirigieron al ingenio de Santa Ana, y fueron a los Bohios a ceducir negros guedandose a [...] el declarante no asegurando si se reunieron algunos gue continuaron para el de Peñas-Altas y habiendo llegado hecho avajo Lisundía la puerta del bohio de una patada, hallando en el uno morena sola mandando gue saliera, y tomando un poco de candela gue habia en el, la arrojo sobre el techo y no prendio. Gue llegó a otros Bohios solicitando las gentes y puesto en una loma les dijo gue ya venían a eso y por lo mismo no había gue voltear la cara, gue todos habian de concurrir, y el gue no lo hisiera se tumbaria la cavesa contestando el declarante gue sí se dirijia tambien con el y lo [...] gue no, y siguiera a traer. Gue vio gue un negro dió un golpe de machete a un hombre blanco, por disposicion de Lisundía pidiendo antes gue entregara el machete, y sin embargo arar en lo hecho no lo perdonaron, y Juan Francisco, mandó gue lo mataran repitiendole por lo mismo otro golpe hasta gue cayó en el suelo, habiendo dicho primero gue fue al lado de la casa de Punga expresando gue había padecido eguivocacion en lo gue había referido antes no pudiendo dar rason del negro gue dió los golpes con gue no lo conoció, y podría decirlo Juan Lisundia gue Juan Francisco mandava gue mataran todos los blancos gue encontraran sin distincion alguna gue el declarante se ceparo dirijiendose para el ingenio Santa Ana, y encontró a un moreno de Peñas Altas gue salia de la manigua, y preguntandole gue era aguello, le contesto gue si no vehia gente gue estavan guemando el ingenio, y el declarante siguio para el Santa Ana, encontrando al Boyero entre Sundo, y aun moreno, e inguiriendo sobre lo gue pasava en Peñas-Altas le respondio gue no sabía, y solo veria guien estaban guemando siguió el gue absuelve para Santa Ana, volviendo el Boyero precipitadamente, y despues, gue habia como hora y media gue el declarante estava en Santa Ana llegaron los negros pretendiendo poner fuego habiendolo encontrado el Mayordomo y el mayoral y este le tomo una muda de ropa y un capote. Gue recuerda gue habiendolo convidado Lisundía para ir al campo pidio este a Juan Rudecinda la vestia en gue se condujo como lo hiso tambien el declarante gue aquella es mulatica dominica, y gue vive con el gue contesta y responde gue lo gue ha declarado es la verdad conseguente al juramento presentado, se lo leyo y expuso estar conforme y firmo con rubrica de gue doy fe. emmdo 0 hubo... estos = todo vale = respondio = Estanislao Aguilar.

Presidente

Ante mí
Juan de Dios Corona

• • •

Exmo. señor = En la orden que el señor don Martin Arostegui dirigido al Comandante de Cavallería en el Ingenio la Trinidad con varios negros presos se dice que el nombrado Amador esclavo de la Señora Marguesa Viuda de Arcos es incendiario de la bagasera del Ingenio y gue aungue, no confiesa este delito, esta convencido de el, sobre lo gual no se ha recibido ningun dato gue lo amerite y con gue el pueda hacer cargos al reo razon porgue es necesario gue el mismo señor Arostegui, o el Capitan de aguel Partido reciva informacion Sumaria del echo gue se resistira a la mayor brevedad.

En la carta gue desde el Ingenio el Rosario termino Licdo. don Nicolas Taboada al propio Señor Arosteguí dice: Gue tiene por muy sospechoso al negro Genaro contra mayoral de aguel Ingenio y que la Seguridad Pública exige gue no se le pierda de vista; pero no le acompaña información de los echos indultivos de aguella Sospecha, siendo por lo mismo indispensable gue se tome aguella información por el encargado de Junta.

Don Miguel Martinez Pagés dice en el oficio se dirijio a V.E. en 22 del corriente gue la negra [...] de la Luz Sanches dijo a don María de los Dolores Pages: "Gue dentro de poco tiempo seria una tierra Governada por los negros y tendrian Rey y otras rasones insultantes". Es necesario gue el [...] del Partido del Guanabo reciba información de este particular examinando legalmente a la expresada don Maria Dolores cuya diligencia remitira a la mayor brevedad = Como cada dia se estan remitiendo de los Campos, negros presos con solo la coprecion. de gue son sospechosos sin acompañan los datos en que descansa aguella presuncion, seria conveniente gue V.E. se sirviera prebenir por regla general a los Comandantes de Partida y demas ministros gue guando embien algun preso lo verifiguen con informacion de los echos gue lo hagan criminal, pues de lo contrario se trabajará inutilmente, faltando la justificación del crimen, gue no puede hacerse aguí. = Entre los papeles gue se hayaron en manos de uno de los presos cuya lista acompaño al señor don Martin Vgante su oficio de 23 del corriente, se haya una carta en idioma francés, y un papel en Inglés, cuya traduciones deben hacerse para gue conste en los autos gue no pueden dislocarse aquellos, rason por gue se servira V.E. disponer gue pase a esta Fortaleza un traductor para de estos idiomas; tomando al mismo tiempo las medidas gue estime necesaria con relación a guando ha expuesto sobre la falta de información de los echos gue se determinaran a los gue se embian.

Igualmente informo a V.E. gue en la carcel se permite gue los reos se confabulen, como lo acaba de manifesta Salvador Ternero en una de sus declaraciones, expresando gue el basto guien hombre blanco de barba larga le permidia gue nagera y condujo al lugar en gue se hallaba a José Antonio Aponte para gue le encargara gue no confesase como lo habia hecho el mismo y Clemente Chacon, acordando lo gue debia responder para gue con esta noticia se sirva V.E. prevenir lo gue convenga para corregir mas abuso perjudicial a la causa publicas.

Dios gue a V.E. MS. A.Sn Crd. los en la Cabaña 29 de Marzo de 1822. Exmo Sño. Juan Ignacio Mendosa = Exmo. Sño. Presidente Governador y Capitan General.

Es Copia de Corona

Traducción
El Castillo de San Carlos de la Cabaña en veinte y cinco de Marzo de mil ochocientos doce comparecido por disposición del Exmo. Soñ. Presidente Gov. y Capn. Gral. ante Su Sñria. Dn. Gabriel Pantaleon de Escartí Interprete Puco. G. Su Magestad de idiomas extrageras a guien yo el presente Escribano recibi juramento gue hizo G. Dios y la Santa Cruz bajo del gual

ofrecio cumplir bien y fielmente su encargo y haviendole puesto de manifiesto los documentos corrientes ahoras.

Procedio a su traducsion en la forma siguiente previa la aseptacion jurada de estilo. TRADUCCION. Sn. José Buenavista y febrero 16 de 1810 Muy señor mio. El negro de Vmd. Tomas se a guejado ayer de dolor de estomago y no ha podido trabajar, y como aguí no se le puede cuidar se lo envio a Vms. ha trabajado tres dias esta semana, y son diez y ocho reales devengado. La madera esta ya enteramente labrada. Deseo a Vms. un pronto restablecimiento y una buena empresa; pues por lo que respecta ami me tiene esclavisado la probidad, de modo que estoy encadenado por largo tiempo en casa de Dn. Juan. El unico dinero que me gueda es tan solo para emplear para dos semanas al vizcaino, despues de cuyo tiempo me guedaré solo con Santiago hasta que Dios guiera que concluya luego gue y acabe irá a Matanzas y llevaré a Vms. los diez y ocho reales. Deseo a Vms. una perfecta salud y tanta prosperidad guanta yo experimento de desdichas, pues me hallo en este mundo para apurar el calis de amargura y pido a Dios me dé fuerzas para poderlo beber sin murmurar y compaciencia y no deseo mas mal a mis enemigos que me desearia a mi mismo, asi puede Vms. juzgar de las promesas que yo hago por mis verdaderos amigos; (si es que los tengo) por gue es una cosa tan rara en este Siglo. gue creería encontrar primero la piedra filosofal. Perdoneme Vms. sea tan extenso ya que el desgracia se alivia con las guexas, y guedo de Vms. su afto. Servidor y amigo = firmado. Sor tenelte.

Sigue la traducción del papel en idioma Ingles y es como sigue. Guillermo Young Birch librero en la calle segunda del Sur número veinte en Philadelphia tiene siempre una provision de papel de escribir de todos tamaños y calidades, como tambien todos los renglones necesario para escritorio gue vende en partida y menudeo. Tambien hace y vende de cuentas para Comerciantes— a saber: libros mayores tantos para partidas doble como sencilla diario a, de caja, de cartas s. c.a. rayados o sin rayar.

Certifico que las dos traducciones antecedentes son exactas y fieles conforme a sus originales siendo la primera en idioma Frances y la segunda en Ingles gue devuelvo rubricados, firmando con Su señoria de gue yo el presidente escribano doy fe.— Drs. 88 reales.

127

Presidente
Gabriel Pantaleon de Ercaztí

Ante mí
Juan de Dios Corona

•••

Exmo Srñ.
Habana 24 de marzo de 1812

Al expediente del asunto.

El comisionado Dn. Francisco Perez ha aprendido en este día al negro, gue se dice libre, Ylario Crespo por ser uno de los compañeros del Cabecilla Elizundia. Los nominados Gabriel Raymundos, Ysidro, Tibo tibo, Andres contra Mayoral, esclavo del Ingenio la Trinidad, y él [...] de la referida hacienda Tibo tibo estan iniciados por sospechosos en el alboroto pasado, y los remita a V.E. por. rayalo para su [...] terminacion. Dios Gracia a V.E.M.

Guanavo 24 de Marzo de 1812

Exmo. Soñ.
Francisco Javier de la Madriz

Exmo. Soñ.
Marques de Someruelos

•••

Habana, 29 de marzo de 1812
agreguen al expediente, con la lista de presos, y parte gue se cita.
Exmo. Sñr. Capn. Genl.

Yncluido a V.E. lista de los negros gue me han venido ayer y anoche en los guales han tres de los gue V.E. pide al Corl. Dn. Martin Arostegui; acompañado igualmente el parte gue manifiesta sus insidentes.

Dios Guarde a V.E. muchos años Guanabacoa 29 de Marzo de 1812.

Martin de Ugarte

Exmo. Sñr.
Marquez de Someruelos

• • •

Noticias de los presos que remiten a la ciudad oy dia de la Junta, a disposicion del Exmo, Sñr. Capitán General.

X Graviel
X Raimundo..
De Dn. Nicolas Peñalver 3
X Andres .....
X. Graviel
Del señor Marques
de San Felipe 1
X Ysidro ....
De Dn. Miguel
de Cardenas 1
X Ylario Crespo
José Maria Santos ...
Libres 4
Francisco Borges Naranjo
Pablo Naranjo ....
Total ... 9 ...

Guanabacoa 29, de Marzo de 1812
Ucartes

...

El comandante del Piguete de Caballeria del piguete Trinidad recivirá y pasará a Bacurallao para que sigan a Guanabacoa los presos siguientes: Francisco Naranjo por haver pedido media arroba de polvora a un vendedor Pco., para la semana Santa.

Pablo por un fusil bien dispuesto arma prohivida por él. José Maria Sanches, por hablador y animador de lo del dia.

Gabriel esclavo del señor Margs. de San Felipe, pintor en los mismos terminos.

Visto al Libre Domingo Parreño, pardo libre, sin lisencia ni nadie gue lo conosca agui.

Ingenio Soledad 24 de Marzo de 1812.

Nota
Todos a disposicion del Sñr. Briger. don Martin Ugartes.

Arostegui
Ya devian abonar el Alcalde de Jaruco Preso Parreño y responder de su conducta por lo gue [...] sigue y su rebaja de este parte Arosteguí.

M, Sñr. Brig. Martin de Ugarte con cinco presos los Comandantes de el Piguete de Ingenio, La Trinidad, Bacurallao, hasta Guanabacoa.

de Arosteguí

En el Castillo de Sn. Carlos de la Habana

Ciriaco Olabarro
La Cabaña en veinte y seis de marzo de mil ochocientos doce años comparecio ante Su Sria el moreno Ciriaco Olabarro natural y vecino de la ciudad de la Habana de estado casado y de oficio zapatero aguien yo el Escribano estando presente le recibi Juramento que hizo conforme a derecho ofrecio decir verdad y examinado por la cita que le hace Salvador Ternero en su declaracion del veinte y guatro del corriente sobre gue hablo con el gue contesta Melchor Chirino en su casa, tratando sobre sí habia o no rebolucion de los negros y blancos negandolo gue la hubiere, el gue esta presente y afirmandolo el otro rehira a dar de comer a sus gallos de lo gue es falso y gue no se nombre Ciriaco de Acosta, Lino Olabarro.

Preguntando por la otra cita gue le hace el mismo Ternero en la citada declaracion sobre haberle expresado antes gue lo arrestaran gue habia ceparado de la rebolucion y no gueria entender en ella y contesto el gue absuelve gue hacia muy bien y leido se lo demas gue refiere Ternero dijo gue es falso.

Preguntando si vive en la casa de Salvador Ternero dijo gue aungue vive en la misma es un guarto alto ceparado, y no tiene la misma entrada, teniendo su puerta, asegurando gue no se comunica.

Preguntando si ha visto en la casa de Ternero se convocasen gente y si comprendiendo lo gue tratavan dijo gue no lo ha visto porgue para muy poco en su casa, y se mantiene en la tienda de Pedro Rios en la calle de la Muralla.

Careo de Ternero con Olabarro
En este citado se hizo comparecer a Salvador Ternero para efecto de carearse con el gue esta presente y [...] aguel juramento guisieron en la Junta dispuesta por derecho ofrecio decir verdad y preguntando si el gue delante es el Ciriaco de gue es el mismo, y aungue le nombro por Ciriaco Acosta recuerda gue tiene otro apellido aungue el nombre es el propio.

Leidas las citas gue hizo, y ractificandose en la misma, se le comunico sobre la verdad de lo gue habia referido, asegurando gue Ciriaco no habia tenido parte ni comprehendido lo gue se tratava para sublevacion, contesto Ciriaco gue no hasia memoria, gue hubiera ocurrido lo gue explica Ternero sin embargo de las recombenciones gue le hizo este mintiendo en gue no habra tenido parte y ver porgue lo gue respetuosamente han declarado es la verdad consiguiente al juramento presentado gue es de edad Ciriaco como de cinguenta años, y habiendosele leido a [...] y otros expresaron estar conforme no firmaron por no saber lo hizo Su Srisa, de gue doy fe. entre ning = dijo gue es falso = vale.

Presidente Ante mí Juan de Dios Corona JOSÉ MELCHOR CHIRINO En el Castillo de San Carlos de la Cabaña en veinte y seis de marzo de mil ochocientos doce años Comparecio ante Su Sria. el moreno libre Melchor Chirino natural de la ciudad de la Habana y vecino del barrio de la Salud extramuros de estado casado y oficio zapatero aguien yo el Escribano recibi juramento gue hizo conforme a derecho ofrecio decir verdad y se le hicieron las preguntas siguientes: Preguntando si conoce a Salvador Ternero, y si tiene trato y amistad con el, dijo gue lo conoce, y gue hace un año gue no lo trata.

Preguntando por la primera cita gue le hace Ternero en su declaracion de veinte y guatro del corriente habiendosele leido y en la referente ague tratando sobre la rebolucion de negros y blancos, negandola Ciriaco Olabarro y afirmando el gue esta presente le expreso gue fuera a la casa de Sñr. Antonio Aponte, y se desengañaría dijo gue hablando con los otros expreso gue habia un Rey negro gue venia pintado Jose Antonio Aponte y le enseño como lo executo también con un Capitan del Batallon de Moreno teniendo presente su nombre verificandose a presencia del gue contesta, gue el Capitan de morenos se llevo la estampa o retrato del indicado Rey, asegurandole gue se llamará Enrique primero Rey de Aiti manteniendolo como tres semanas y alcabo de las guales las volvio segun le informo Aponte, guien le expuso gue muchos se la pedían y gue el la habia trasladado de otra no refiriendo el gue se la comunico gue el, Capitan de morenos anuncio gue la llevara para enseñarla...

Preguntando si tenia amistad con Jose Antonio Aponte dijo gue lo tratava porgue lo hasia de falsar, he iba a su casa a recibir dinero guando no se lo llevava a su casa.

Preguntando gue conversaciones tubo con Aponte y si este le comunico algun proyecto dijo gue solo se contrahiba a los zapatos y con noticia del guadrito o retrato gue le dio un moreno gue no conoce fué a verlo por curiosidad, haciendo chirigota del retrato.

Careo con Chirino y Ternero
Preguntando si tiene amistad con Clemente Chacon dijo que no lo conce.
En este citado se hizo comparecer a Salvador Ternero para el efecto de hacerlo carear con el gue esta presente reciviendosele juramento gue hizo conforme a derecho ofrecio decir verdad y leidoles las citas gue se han transcripto ratificandose en ellas, e inguiniendole si él es el gue esta presente en Melchor Chirino a gue se contrahen las misma dijo gue si y reconosiendole con la citas recordando los hechos gue explicó con mucha prohividad se mantiene negativo Chirino y habiendosele leido expresaron estar fielmente escrito y lo dicho es la verdad mediante el juramento gue en de edad dicho Chirino de singuenta y guatro años no firmaron por no saber lo hizo Su Sria de gue doy fe.

Presidente

Ante mí
Juan de Dios Corona

Jose Antonio Aponte

En el Castillo de San Carlos de la Cabaña en veinte y seis de marzo de mil ochocientos doce años comparecio ante Su Sria. el moreno Jose Antonio Aponte dispuesto a dicho juramento que hizo conforme a derecho ofrecio decir verdad y le hisieron las preguntas siguientes: Examinado por la cita gue le hace Melchor Chirino en su anterior declaracion habiendosele leido dixo gue encierta gue tubo el retrato de Enrigue Primero Rey de Haiti en Santo Domingo habiendolo copiado de otro gue tenia un negro en el muelle de Cavallería para lo gue examino aguel con atencion, y conservando la idea pasó a su casa y lo sacó gue ignora el nombre del moreno habiendoselo manifestado a Chirino gue El Capitan de morenos gue se lo pidió y llevó se llama Fernando Nuñes, se le entregó y lo tubo dos o tres dias habiendoselo devuelto, exponiendole gue lo había detenido por gue lo habia enseñado a otros.

Preguntado gue conversaciones tubo con Fernando Nuñes serca del ningunos retratos o de otros particulares dijo solo le expreso gue estava bueno sin haberse contrahido a otra cosa pareciendole gue cuando le dio el retrato se hayava presente Melchor Chirinos.

Preguntado: Si este comprehendio lo gue se tramava se le convocó el gue contesta, y sí mandó llaman con el mismo a Salvador Ternero una vez dijo gue Chirino estubo en su casa, y hablando una vez sobre rebolucion hayandose todo alborotado, y gueriendo matar negros, expresó el gue contesta gue no tubiera cuidado pues anugue no tenia [...] los negros, se reunirian en un punto, y alli se defenderían, hallandose armados los blancos.

Gue Chirinos le informo gue Salvador Ternero habia hecho un saco de cuero con el fin de ponerlo por delante si le tiravan habiendo rompido la serradura de la puerta con guarto alto gue tenia en la casa para meter alli la gente gue tenia convocada gue está persuadido gue Chirino va impuesto de lo gue se tramava, mediante ague se conservara en la casa de Ternero endonde vivia, y gue le informo lo gue ha referido mandoolo a la del gue expone para enseñarles el retrato gue la primera vez gue vino estava travajando en una Urna y no pudo manifestarselo gue Chirino volvio a preguntarle si lo habia visto y refiriendole gue no, le dijo gue volviera como lo hizo Ternero y entonces le demostró el retrato, y gue [...] gue pasó sin haver comunicado del mismo otra cosa.

Examinado por la cita en la declaracion del veinte y guatro del corriente habiendoselo leido y es lo referente ague estubo en su casa, y trataron de la rebolucion y las preguntas gue mediaron entre uno y otro anunciandole gue habia llegado un general negro dijo gue es falso, y gue lo mas gue expresava a los gue le iban a hablar sobre aguella era gue experasen el mejor tiempo y no se violentaran.

Examinado por la otra Sobre gue agualguier hombre de color no lo auxiliara le cortarian la caveza dijo gue es falso gue solo espreso gue le paresia justo gue todos los de color se unieran y cortaran la caveza al gue se resistia.

Examinado por la otra sobre el Comandante del Rey negro y los demas ague se contrahe y gue se le leyo dixo gue solo les habia dicho gue ahora muchos años estuvo un negro ingles con sus Charreteras de Capitan muy empoluado y trahia una [...] manteniendose como seis meces nombrado Cristoval y que ese era el Rey, que es falso hubiera remitido a Ternero el negro gue se expresa, y unicamente lo gue hubo fué gue una mañana se aparecieron en su casa Chacon, y Juan Francisco Pinto mandole gue iban a una diligencia, y el declarante les dio de almorsal despidiendose inmediatamente explicando Chacon gue Juan Francisco iba al monte con su hijo a executar el segundo las ordenes de su Rey gue trahia relutibas a sublevar los negros enseñandole unos papeles gue no podia entender porgue se hallavan en lengua estragera sin haverse separado en alguna primera mirando las cosas de esos hombres con indiferencia porgue se enfadava de verlos en su presencia, y los tratava con temor porgue Chacon es hombre perverso gue hace muy poco tiempo gue salio de los caminos ague fué condenado y no sabe la causa.

Preguntando Si su muger estaba impuesta de la sublevacion guantos hijos tiene y si estos se hayavan instruidos dijo gue su muger hace un año y dos meces gue esta en Guanabacoa tiene tres hijos, y tres hijas gue estas se hayan con su atenada Josefa Marguesa, gue vive a la Bta. de Dn. Jose Rudecindo de los Olivo, pasada la Sastreria de Corona, y los varones estan uno nombrado Benito, de edad de veinte y ocho años, esta trabajando mas alla de Santa Maria del Rosario en su oficio de herrero ignorando la causa, otro Justo Jose gue esta exercitado en la tienda de Joaguin Corona de edad de veinte años, y el otro Juan de Paula de dies y ocho años se mantiene en compañia de su madre exercitado en oficio de sastre y gue no han tenido parte a la en la rebolucion.

Careo de Aponte con Ternero

En este citado habiendose hecho comparecer a Salvador Ternero para efecto de Careo con el que esta presente y reavivole Juramento que hizo conforme a derecho prometio decir verdad, y leidas las [...] que hizo referente a Aponte retificando su contenido, se reconvino, este con las misma refiriendo Ternero los pasa [...], y contestó Aponte dijo que no tenia presente si le expresó Si venia a mandar, o a ser mandado que es cierto que preguntandole si entraban los negros del Batallon le respondio que entraria el que guisiera que tambien lo es haverle informado la llegada de dos Generales negros con sinco mil hombres que se hayavan en la montaña del monserrate para conquistar la Isla, y dar Libertad a los negros, asegurandolo por lo que le habia dicho Clemente Chacón, que no mandó llamar a Ternero sino que este se apareció en su casa, y presente Chacon expuso este que aquella noche tenia resuelto apoderarse del Castillo de Atares, y Ternero ofrecio que lo haria del Cuartel de Dragones, Baterias y las Puertas, teniendo preparado un guarto alto en su casa para ir metiendo gente desde los exacciones hasta la hora convenida que era la de serrar las puertas de la Ciudad para poner entonces el fuego, añadiendo que sabia por donde debia entrar al guartel de Dragones, aguel explicó Ternero que era falso hubiera prometido apoderarse del guartel de Dragones que se remite a lo que habia manifestado.

Expreso Aponte que era cierto que Ternero le pregunto si era aguella la gente congue contava y le expuso que era suficiente no importando que fuera poca, pues en el Cuartico los de su clase habian hecho la rebolución, y conseguido su intento y que no oyó lo referente a la ceparacion de Ternero y expresion de Chacon sobre que el y su hijo venderian sus vidas y que en orden a cortar cabesa, ya ha manifestado lo que hubo.

Preguntado, Aponte guantas veces ha estado preso por que causas y guales han sido sus fines dijo que ahora veinte años estubo preso por haver dado un empujon a su muger manteniendolo nueve dias en su guartel por via de correccion.

Preguntando Ternero guantas veces ha estado preso por que causas, si se formo proceso, y gual fue su resultado dijo que estubo preso en el año de ochocientos nueve por la rebolucion de los negros guando acometieron y robaron a lo Franceses, habiendose formado proceso y condenandosele por un mes a los travajos de esta fortalesa, y otra porguexa de Francisco Urrutia y de Da. Belen Sastre su consorte, gue haviendolo infuriado y no se formo proceso y responde gue lo gue respetuosamente han declarado es la verdad en cargo del juramento gue han prestado se les leyó y expusieron estar conformes firmo Aponte y por Ternero gue significo no saber lo hizo Su Sria. de gue doy fe. Mmdo. armas = alla vale = entre Rengs. y gue no ha tenido parte alg. en la rebolucion. Vale.

Presidente
José Antonio Aponte

Juan de Dios Corona

Estanislao Aguilar
En el Castillo de San Carlos de la Cabaña en veinte y seis de Marzo de mil ochocientos doce años comparecio ante Su Sria. el Pardo Estanislao Aguilar aguien se le recibio juramento gue hizo conforme a derecho ofrecio decir verdad y se le hisieron las preguntas siguientes: Preguntado si antes gue se acompañara con Juan Francisco Bautista Lisundia tenia conocimiento con aguel, y en donde lo habia adguirido dijo gue ni lo habia visto.

Preguntado gual fué el, moreno que encontró y correspondia al ingenio de Peña Alta, dijo gue sabe es el contra Mayoral e ignora su nombre.

Careo de Aguilar con Lisundía
En este citado se mando comparecer a Juan Bautista Lisundía para efecto de carear con el que esta presente y aclara lo que convenga y habiendosele recibido Juramento hue hizo conforme a derecho ofreciendo decir verdad y ractificando el otro que havia estado como guando habia asegurado en la declaracion de ayer, leidose tambien a Juan Lisundía para aclarar lo cierto contesto este que era verdad que le convido para ir al campo expresandole que era para llevar a Juan Francisco y replico Aguilar que era falso continuando Lisundía dijo que era cierto lo que refiere hasta el punto que llegaron y se sentaron vaxo un arbol yendo a cavallo Aguilar, siendo incierto que vaxo del arbol, le comunicara la revolucion de guemar los ingenios sublevar los negros y que le convidara para la empresa, lo que le sostubo Aguilar contestando Lisundía que tambien pasaron en las inmediaciones de Tibotibo, que Juan Francisco saco un papel que llevava, lo leyo en otro idioma no lo entendieron por lo que le pregunto Estanislao, que era lo que contenia, y Juan Francisco le respondio que era la livertad de los negros pero repuso Aguilar que lo que ocurrió fué lo que ha manifestado en su declaracion. Siguiendo Lisundía expresó que desde un lugar manisfesto a Juan Francisco los ingenios que habia entodas aguelllas inmediaciones entrando en el de Tibo-tivo esto si no en el de Tibo-tivo sino en el que denominan de la Chumba de la pertenencia del señor Margues de Prado ameno = que alli estubieron primero en el Bohio de Juan Bsta. con carabali y esclavo del propio Ingenio y dexando a Aguilar y a Juan Francisco fué a solicitar a Francisco para que le diera rason de una muda de ropa que le habían robado en el mismo fundo que Juan Bta. le advirtio se fueran de su Bohio porgue no los encontrara el Mayoral, y pasaron al de la morena inglesa nombrada Maria que es la madre de Francisco y con esta estubo conversando Juan Francisco en su lengua, que no entendio, que aungue entro a mudarse en el guarto y salio vestido como se manifiesta, no oyó que leyera los papeles por haberse marchado inmediatamente, en solicitud de Maria Sixta a donde fué a senar que Juan Francisco decia que el no venia a buscar mugeres, sino llegar al Ingenio de la Trinidad donde estava Tiburcio para executar lo que tenia acordado con este que aun que estubieron tres o guatro morenos del propio Ingenio [...] los conoce ague repuso Aguilar

141

gue se remitia a lo gue tenia dicho sobre el punto y gue no sabia el nombre del ingenio creyo gue era el de Tibotivo.

Continuando el careo contesto Lisundía la ida al ingenio la Trinidad el bayle, gue fueron acostarse al Bohio de Tdeo. gue los negros gue concurrieron ya los gue manifestado en su declaracion gue guien mando avisar a los negros fue Juan Francisco embiando a Tomas y a Gabriel para gue biniera a unirse con el dirijiendolo al de Santa Ana gue vinieron Joaguin y Bernabe de este punto y se volvieron. gue es cierto estubo el negro Jose Maria vendedor de pan, gue vive en la casa de la viuda de Alfonso, inmediata al Ingenio y hablo con Juan Francisco guien le informó que venía a dar la livertad a los negros yendose luego Jose Maria gue no hecho abaxo la puerta del Bohio gue se cita sino empujandola cayó tomando el tison de candela para ensender un tabaco gue no tiró sobre el techo del bohio sino al pie de un palo. Gue guien propino la exprecion de gue ya venian a eso y cortaran la cavesa agualguiera que volteara la cara fué Juan Francisco, y no el gue asuelve gue es falso gue hubiera mandado dar el golpe al hombre gue fue Antonio el feo y seria otro ignorando el executor, sosteniendo siempre Aguilar lo gue ha referido en su declaracion, y apesar de las reconvenciones gue hizo no adelantandose mas se concluyo este acto, y habiendose leido expresaron estar fielmente escrita y gue es la verdad conseguente al Juramento prestado gue son de la edad gue tienen derecho firmo Estanislao, y por Lisundia gue dijo no saber lo hizo su Sria. de gue doy fe = Emmdo. contestando = vale = sertado por lo gue no vale.

Estanislao Aguilar
Presidente

Ante mí
Juan de Dios Corona

Estanislao Aguilar
En el Castillo de San Carlos de la Cabaña en veinte y seis de Marzo de mil ochocientos doce años comparecio el Pardo Estanislao Aguilar aguien se le recibio Juramento gue hizo conforme a derecho ofrecio decir verdad y examinado por la cita gue le hace don Jose Maestre en su declaracion recibida en el ingenio Sta. Ana de veinte del corriente habiendosele leido dijo gue es cierto venia montado en una yegua pero no entre la multitud y se remite a lo gue habia en el particular a manifestado en su declaracion.

Examinado por la cita de Juan Bta. congo contra mayoral del Ingenio Sata. Ana en su declaracion deja propia palabra Habiendosele leido dijo gue es cierto lo condujo preso al Cepo gue venia a delante, y entre la multitud habiendose adelantado como tiene expuesto y responde gue es la verdad mediante el juramento prestado se le leyo y expuso estar conforme firmando con Su Sria. de gue doy fe.

Estanislao Aguilar
Presidente

Juan de Dios Corona
Ante mí

Juan Bautista Lisundia
En el Castillo de San Carlos de la Cabaña en veinte y seis de Marzo de mil ochocientos doce años comparecio ante Su Sria. el moreno libre Juan Bta. Lisundía de la naturalidad vencida estado y [...] gue tiene derecho aguien yo el Escribano estando presente recibi juramento guien hizo conforme a dicho ofrecio decir verdad y examinado por la cita gue le hace el Chino Tomas Peres en su declaración gue dio en el ingenio Sta Ana el veinte del corriente habiendosele leydo dijo gue es cierta.
  Examinado por la gue le hace Matias de nacion Anaxa del ingenio de Santa Ana en su declaracion del propio dia habiendosele leydo dijo gue era falso y gue no ha visto a Matias y responde gue es la verdad mediante el juramento dicho se le leyo y espuso estar conforme, no firmo por no saber lo jizo Su Sria. del gue doy fe.

Presidente

Juan Corona
Ante mí

Chirinos
Castillo de San Carlos de la Cabaña en veinte y seis de Marzo de mil ochocientos doce años comparecio ante Su Sria. Melchor Chirinos de la naturalidad vecindad estado y exercicio gue tiene derecho, aguien yo el Escribano recibi juramento gue hizo conforme a dicho prometio decir verdad y examinado por una de las citas gue le hace Jose Antonio Aponte en su declaracion de oy habiendole leydo dixo gue es falso hubiera tenido la conversacion gue expresa sobre gue todo estava alborotado y lo gue añade sobre reunion de negros gue también [...] lo hubiera informado sobre el [...] de cuero y de haver roto la serradura de la Puerta del guarto alto para meter allí la gente gue tenia convocado.

Examinado por otra gue le hace en la propia declaracion y leidosele dijo gue es cierto gue ínguvrio si Ternero habia visto el retrato, y expresandole Aponte gue no le previno este, gue anunciara a Ternero gue volviera a verlo y responde gue lo dicho es la verdad consequente al Juramento presentado gue es de la edad gue tiene dicho se le leyó y expuso estar conforme no firmo por no saber lo hizo Su Sria. de gue doy fe.

Presidente

Ante mí
Juan de Dios Corona

Cadete dn. Domingo Calderon
En el Castillo de San Carlos de la Cabaña en veinte y seis de Marzo de mil ochocientos doce años comparecio ante Su Sria. don Domingo Calderon, Cadete del Regimiento de Infanteria de Puebla exhibiendo un retrato gue parece ser de Enrigue Rey de Hayti y recibiendosele Juramento conforme a ordenanza Militar ofrecio decir verdad y se le hisieron las preguntas siguientes: Preguntado donde encontro el retrato gue ha trahido y se tiene presente dijo que lo hayo en este Castillo [...] uno de los dos caminos gue se parten para ir a la Capilla, habiendo sido el de la otra y gue va para el medio Baluarte. Gue pasando por el repaso del papelero gue estava en el suelo y alsando lo desenvolvio por gue estava doblado, y hayo ser el indicado retrato, y viendo gue era anegrado le parecio conveniente traherlo y presentarlo a Su Sria. por si fuera conducente para la averiguacion en gue se entiende.

Preguntado si guando hayo el retrato iba acompañado de otra persona dijo que no [...] observarian los gue estaban enfrente respondiendole gue lo gue ha declarado [...] con siguiente al juramento presentado se le leyo y expreso estar conforme al juramento con Su Sria. de gue doy fe.

Presidente
D. Domingo Calderon

Ante mí
Juan de Dios Corona DN. JOSE

Antonio Mas

En el Castillo de San Carlos de la Cabaña en veinte y seis de Marzo de mil ochocientos doce años, ante Su Sria. Dn. Jose Antonio Mas ministro de la Capitania General, y destinado a la Comision en gue se entienda aguien yo el Esmo. recibi juramento gue hizo conforme a derecho ofrecio verdad y se le hisieron las preguntas siguientes: Preguntado gue presos de los gue declararon ayer condujo a sus respectivos calabosos o prisiones por el camino gue pasando por la Capilla y dividido alli sigue a la otra [...] para el calaboso de la Campana y del Sol dijo: gue conduxo por el expresado camino a los negros vosales gue se examinaron por el doctor don Sebastian Fernandez de Velasco, y a Melchor Chirino gue son los gue estan presos por aguel destino lo gue practico ayer por la tarde guando el cadete don Domingo Calderon encontro el retrato del Rey Enrigue habiendo sido expuesto gue estaban los dichos en sus respectivos armeros.

Preguntado si reparo gue alguno de estos arrojase algun papel en el suelo dijo gue no puso cuidado y responde gue lo gue ha declarado es la verdad mediante el juramento prestado gue es de edad de mas de veinte y sinco años, se le leyo y expuso estar conforme y firmo con Su Sria. de que doy fe.

Presidente
José Antonio Mas

Ante mí
Juan de Dios Corona

Cadete dn. Jesus de Hita
En el Castillo de San Carlos de la Cabaña en veinte y siete de Marzo de ochocientos doce años comparecio ante su Sria. don Jesus Hipolito Hita Cadete del Regimiento de Infanteria de Puebla aguien yo el Esno. recibi Juramento gue hizo conforme me ha dicho decir verdad y se le hicieron las siguientes preguntas: Preguntado gue comprehendio de un retrato gue se hayó el Cadete don Domingo Calderon dijo: gue hayandose sentado en compañía del Cadete Lorenzo Ponce de Leon en la Muralla gue esta frente al camino derecho gue sigue de la capilla de esta fortaleza y va para el medio Baluarte ayer tarde como a las seis vió gue llevavan por el mismo camino para su puncion a un chino alto de cuerpo delgado, la barba cana y larga conducido por un soldado y un ministro, y apoco tiempo supo gue Calderon habia encontrado en el propio camino un retrato del Rey Enrigue y gue vio en este lugar, y reconocio y responde gue lo gue ha declarado es la verdad conseguente al juramento prestado se le leyo y expuso estar conforme y firmo con Su Sria, de gue doy fe.

Presidente
Jesus de Hita

Ante mí
Juan de Dios Corona

Cadete dn. Lorenzo Ponce de Leon

En el Castillo de San Carlos de la Cabaña en veinte y siete de Marzo de mil ochocientos doce años comparecio ante Su Sria. el Cadete del Regimiento de Infanteria de Puebla don Jesus Hipolito Hita en su declaracion Juramento que hizo conforme a dicho prometio decir verdad y se le hisieron las siguientes preguntas.

Examinado por la cita que hace el cadete don Jesús Hipolito Hita en su declaracion anterior que se le ha leido dijo que hallandose sentado en la Muralla que esta frente al camino de la capilla de [...] y va para el medio de Baluarte en [...] ayer tarde como a las seis observo que llevavan por el camino a un chino alto, de cuerpo delgado, y varva cana, por un soldado y un ministro que lo conducian a su prision que [...] impuso que Calderon habia encontrado un papel que [...] y era el retrato del Rey Enrique y que vio en este lugar y [...] responde, que [...] al [...] se le leyó y ex [...] conforme y firmo Su Sria. de que doy fe.

Ante mí Juan de Dios Corona Presidente IX• Bando del Capitan General de la isla don Salvador Jose de Muro y Salazar, fecha Habana 7 de abril de 1812, acerca de las medidas acordadas con motivo de la alteracion del orden en los terminos de Puerto Principe, Bayamo, Holguin y con mayor exceso en las inmediaciones de la capital incendio del ingenio "Peñas Altas", etc. Y aprobacion del dictamen relativo a la sentencia impuesta a Jose Antonio Aponte, Clemente Chacon y otros (Impresos.) Don Salvador Jose de Muro y Salazar, Marques de Someruelos, teniente general de los Reales exércitos, presidente de la Real Audiencia que reside en la villa de Puerto-Príncipe, capitan general de la Isla de Cuba y de las provincias de las dos Floridas, y Gobernador político y militar de la Plaza de la Habana &.&.

Nada puede ser ciertamente tan sensible para la Isla de Cuba, como el alterar a sus habitantes la tranquilidad de que han gozado hasta el presente. Por fortuna no se habia experimentado hasta ahora mas que quietud, respeto y subordinacion en las personas dedicadas exclusivamente al fomento y consolidacion de la agricultura, industria y comercio, que con pequeño asombro de los extrangeros y nacionales se sostienen y aumentan en nuestros campos y nuestros puertos; pero por desgracia ha tenido alguna alteración en estos dias tan pacífico y feliz estado en los términos de

Puerto-Príncipe, Bayamo, Holguin y con mayor exceso en las inmediaciones de esta capital, que aunque despreciable para imponer y consternar al gobierno y habitantes pacíficos, no ha dexado sin embargo de causar graves daños. Entre ellos se cuenta el incendio del ingenio titulado Peñas-Altas y la muerte de algunos sugetos, cometidas en los primeros momentos del desorden, que no siempre es posible precaver e impedir, particularmente en los campos, por mas extraordinaria que sea la vigilancia de los gefes, Las providencias que cada uno ha dictado en su respectivo territorio, cortaron en su origen y ántes de principiar a consumarse los atentados desastrosos, que proyectaban algunos esclavos de aquellas villas y las que expidió este superior gobierno me hace esperar, que contendrán por siempre los fatales daños, que se experimentáron y harán desaparecer los contagios, que puedan haber causado las ideas revolucionarias, que abrigaban un cortísimo número de individuos. En fuerza de tales disposiciones se ha conducido a una de las fortalezas de esta plaza, porcion de personas sospechosas, y habiendo comisionado para formalizar las correspondientes indagaciones y procesos al señor oydor honorario don Juan Ignacio Rendon, auxiliado de tres letrados de mi confianza, han desempeñado a mi satisfaccion tan penoso, grave y complicado encargo. Puestas las causas en estado claro y convincente de las culpas de cada uno; y creyendo dicho que sin pasar adelante podia tomarse alguna deliberacion, convoqué una junta compuesta de los referidos cuatro letrados, y de los señores oydores, decano de la real audiencia del distrito, don José Antonio Ramos, y teniente de Gobernador don Leonardo del Monte, para que inspeccionados los procesos a mi presencia me consultasen lo conveniente. Habiéndose verificado así, y teniendo en consideracion la gravedad de los crímenes cometidos, la urgente necesidad de imponer sin demora un pronto y exemplar castigo, que asegure para lo adelante la quietud pública perturbada, las circunstancias particulares de esta isla y otros graves fundamentos largamente discutidos, fuéron de unánime parecer que en el estado actual del juicio debia imponerse la pena capital a los reos convictos y confesos; con cuyo dictámen me conformé y en su virtud sufrirán la de horca José Antonio Aponte, Clemente Chacon, Salvador Ternero, Juan Bautista Lisundia, Estanislao Aguilar, Juan Barbier, Estéban, Tomás y Joaquin, los seis primeros libres y los tres últimos esclavos de la dotación del ingenio Trinidad. Queda por consiguiente desembaynada la espada de la recta y severa justicia contra los demas reos comprehendidos en este procedimiento y otros que se descubran en lo sucesivo, que serán también juzgados por trámites extraordinarios y restrictos con la inflexibilidad y justificacion, que exige la salud pública.

Tiemblen pues los malvados, que abriguen en sus corazones tan infernales ideas, y escarmienten a la vista de los desgraciados, que van a presentar en el patíbulo un espantoso exemplo de la suerte que les espera, si pretenden como ellos alterar el profundo sosiego y recomendable órden conservado hasta ahora con general aplauso y pública estimacion, pues son incalculables los recursos del gobierno y los que prestará el honrado vecindario en todas sus clases para aniquilar en un solo momento los necios y temerarios, que aspiren al loco empeño de comprometer la tranquilidad pública.

Mas estas verdaderas y terribles amenazas no tienen otro carácter, que la de una prudente amonestacion a un corto número de individuos, pues estoy distante de creer que la semilla de la discordia e insubordinacion esté sembrada generalmente ni aun entre la gente mas ínfima. Por lo contrario vivo plenamente convencido de que en la lealtad de nuestros esclavos, tenemos unos compañeros inseparables en nuestras vicisitudes políticas y veo en lo actuado con extraordinario gusto, que a la resistencia de los adictos al ingenio Santa Ana, que tendrán su premio, se debe principalmente que no hayan progresado los incendios y otros horrorosos excesos concebidos con anticipacion y principiados a executar por unos pocos malévolos. Nuestros siervos son y serán siempre obedientes a las leyes y al imperio de la razón, para no verse manchados con feos crímenes y expuestos a sufrir un ignominioso suplicio. Tal es el fruto, que cogen de su ambicion los reos libres indicados, y tal es tambien el de haberse prestado los esclavos a un criminal proyecto, seducidos por falsas y alagüeñas noticias y promesas, reducidas a que las supremas actuales Córtes extraordinarias de la nacion, habian decretado su libertad y que el gobierno de esta isla les ocultaba tan importante gracia. Esta fué la principal especie con que se procuró trastornar la antigua y bien acreditada sumision de los siervos, y que arrastraron efectivamente algunos de los ingenios Trinidad y Peñas-Altas, sin tener otro dato ni antecedente que en el fatuo y acalorado cerebro del moreno Jose Antonio Aponte y de algunos otros que embaucados con sus torpes y risibles cálculos, aspiraban a saciar su estúpida ambicion con honores y empleos a la sombra de aquel fantástico rey. Es por que lo mismo absolutamente necesario, que se les desimpresione a cerca de la creida extinguida esclavitud, manifestándoles francamente que no hay ni hubo semejante libertad, ni órden superior, que tenga la menor relacion con este particular, valiéndose para el efecto sus respectivos dueños, de los medios mas prudentes y proporcionados, demostrándoles convincentemente ser imposible la ocultacion de semejante pretendida gracia si realmente existiese, estando prevenido en modernas reales órdenes que dentro de tercero dia, se executen cuantas se comuniquen baxo la pena de suspension de empleo; y que todo cuanto se les ha dicho es una impostura maquinada por los enemigos de la paz y del órden. Hágaseles entender tambien los acaecimientos subversivos indicados, los progresos que han tenido y justo castigo que van a sufrir y sufrirán sus autores, para que les sirva de escarmiento exemplar; pues esta conducta sencilla y verdadera es ya mas oportuna que el consecuente silencio observado hasta aquí, y muy a propósito para disipar las equivocaciones y ponderadas noticias que a espaldas de sus dueños, habrán subrepticiamente adquirido. Amonésteseles asimismo para que desestimen y desprecien todo aviso y consejo de personas, que no merezcan entera confianza de sus amos e inmediatos caporales, y éstos velen con incesante cuidado la conducta y opiniones de cuantos transiten y se detengan en los fundos de su cargo, delatando a las inmediatas justicias cualquiera sospecha que conciban de ellos, con relacion a la tranquilidad de los esclavos de su cargo; asegurándoles desde ahora que deponiendo mi natural compasion y sensibilidad, seré inflexible y riguroso en el condigno castigo de los que directa o indirectamente viertan especies, que alarmen o puedan alarmar a dichas gentes, creciendo la pena a proporcion de las circunstancias del delincuente, y sobre cuyo particular tengo tomadas y tomaré nuevamente las providencias mas exquisitas para asegurar el futuro sosiego.

    En vista de todo lo expuesto que se halla arreglado exáctamente al mérito de las actuaciones formadas, se desimpresionará el público del extraordinario valor y suma transcendencia dados a este asunto que no pasó del conocimiento de unos pocos, sin plan, concierto, auxilio, ni apoyo alguno de naturales ni extrangeros. Todo ha sido una farsa ridícula, y miserable, detestada porque consideran agraviada su fidelidad y honradez, acreditada en mil ocasiones, los proyectos subversivos de unos pocos de su clase. Es digna del mayor elogio ésta delicadeza, que debe juzgarse extraordinaria, porque es constante que en todos estados y condiciones, se encuentren individuos perversos que en nada perjudican a los buenos, y ántes bien parece realzan sus virtudes, Todo está yá perfectamente tranquilo, y deben cesar por consiguiente las inquietudes infundadas, que causaron aquellos movimientos, mucho mas cuando se están disponiendo reglamentos, que aseguren para lo adelante en los campos el útil reposo de sus habitantes.

Resta únicamente anunciar a este respetable público, que para la mañana del juéves próximo, tengo destinada la execucion de la sentencia referida, en el lugar acostumbrado, y que las cabezas de Aponte, Lisundia, Chacon y Barbier, serán colocadas en los sitios mas públicos y convenientes para escarmiento de sus semejantes. Con esto quedará por ahora vengada la ofendida vindicta pública y el escándalo que han causado dichos reos a este tranquilo pueblo que como siempre espero use de la moderacion, que le es característica, y de que tiene dados repetidos exemplares, guardando la mas profunda quietud y silencio al tiempo de executarse las referidas justicias, para que así se compruebe nuevamente que su ilustracion, religiosidad y discernimiento, saben separar el horror del crímen de la justa compasion debida al miserable delincuente.

Habana 7 de abril de 1812.
El Marques de Someruelos

Habana: en la oficina nueva de Arazoza y Soler

Por mandado de su Excelencia

Miguel Mendez

Libros a la carta
A la carta es un servicio especializado para
empresas,
librerías,
bibliotecas,
editoriales
y centros de enseñanza;
y permite confeccionar libros que, por su formato y concepción, sirven a los propósitos más específicos de estas instituciones.

Las empresas nos encargan ediciones personalizadas para marketing editorial o para regalos institucionales. Y los interesados solicitan, a título personal, ediciones antiguas, o no disponibles en el mercado; y las acompañan con notas y comentarios críticos.

Las ediciones tienen como apoyo un libro de estilo con todo tipo de referencias sobre los criterios de tratamiento tipográfico aplicados a nuestros libros que puede ser consultado en linkgua-digital.com.

Linkgua edita por encargo diferentes versiones de una misma obra con distintos tratamientos ortotipográficos (actualizaciones de carácter divulgativo de un clásico, o versiones estrictamente fieles a la edición original de referencia).

Este servicio de ediciones a la carta le permitirá, si usted se dedica a la enseñanza, tener una forma de hacer pública su interpretación de un texto y, sobre una versión digitalizada «base», usted podrá introducir interpretaciones del texto fuente. Es un tópico que los profesores denuncien en clase los desmanes de una edición, o vayan comentando errores de interpretación de un texto y esta es una solución útil a esa necesidad del mundo académico.

Asimismo publicamos de manera sistemática, en un mismo catálogo, tesis doctorales y actas de congresos académicos, que son distribuidas a través de nuestra Web.

El servicio de «libros a la carta» funciona de dos formas.

1. Tenemos un fondo de libros digitalizados que usted puede personalizar en tiradas de al menos cinco ejemplares. Estas personalizaciones pueden ser de todo tipo: añadir notas de clase para uso de un grupo de estudiantes,

introducir logos corporativos para uso con fines de marketing empresarial, etc. etc.

2. Buscamos libros descatalogados de otras editoriales y los reeditamos en tiradas cortas a petición de un cliente.

www.ingramcontent.com/pod-product-compliance
Lightning Source LLC
Chambersburg PA
CBHW051651040426
42446CB00009B/1089